藤村流 売れる! コトバ

藤村正宏
橋本亨［協力］

インデックス・コミュニケーションズ

初日予約
0件！

初日予約
96件！

子供写真館のオープン告知チラシ。商品をただ「わかりやすく」しただけで、反応が飛躍的に高くなった。わかりやすく説明するだけでも、売上が変わってくる。

お客さまが思わず口に出してしまうコトバを使うと伝わりやすくなる。アンケートから、お客さまのよろこびの声を探してきて、それをキャッチコピーにして成功した観光ホテルの新聞折込チラシ。

人間は自分の関心のあることにしか反応しない。ターゲットに呼びかける手法は、POP以外でも有効に働く。

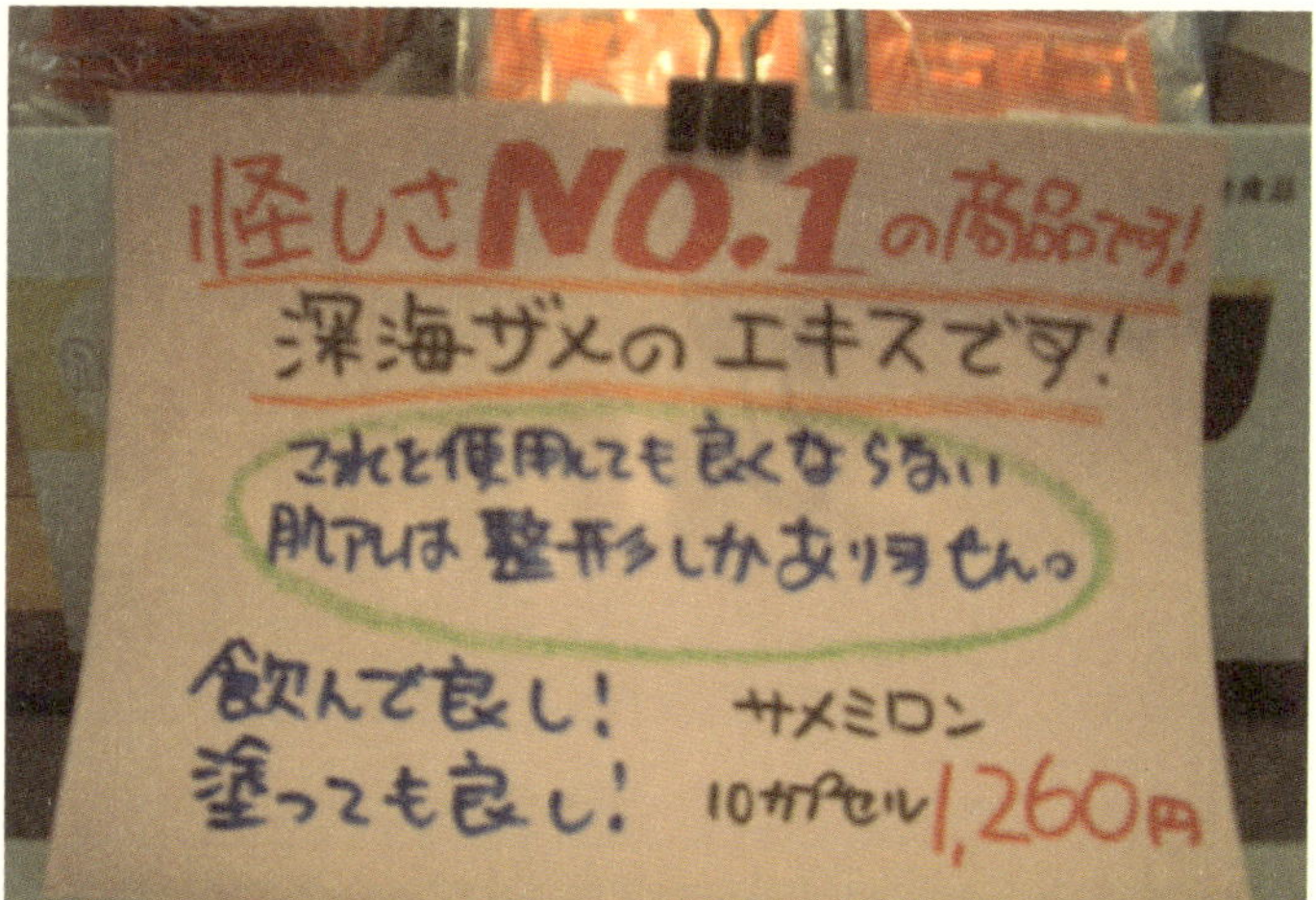

大げさなコトバというのは、それだけで目を引く。魔法・奇跡・新発見・業界初・怪しい、などなど。嘘をつくのはルール違反だが、豊かに表現するのはＯＫ。

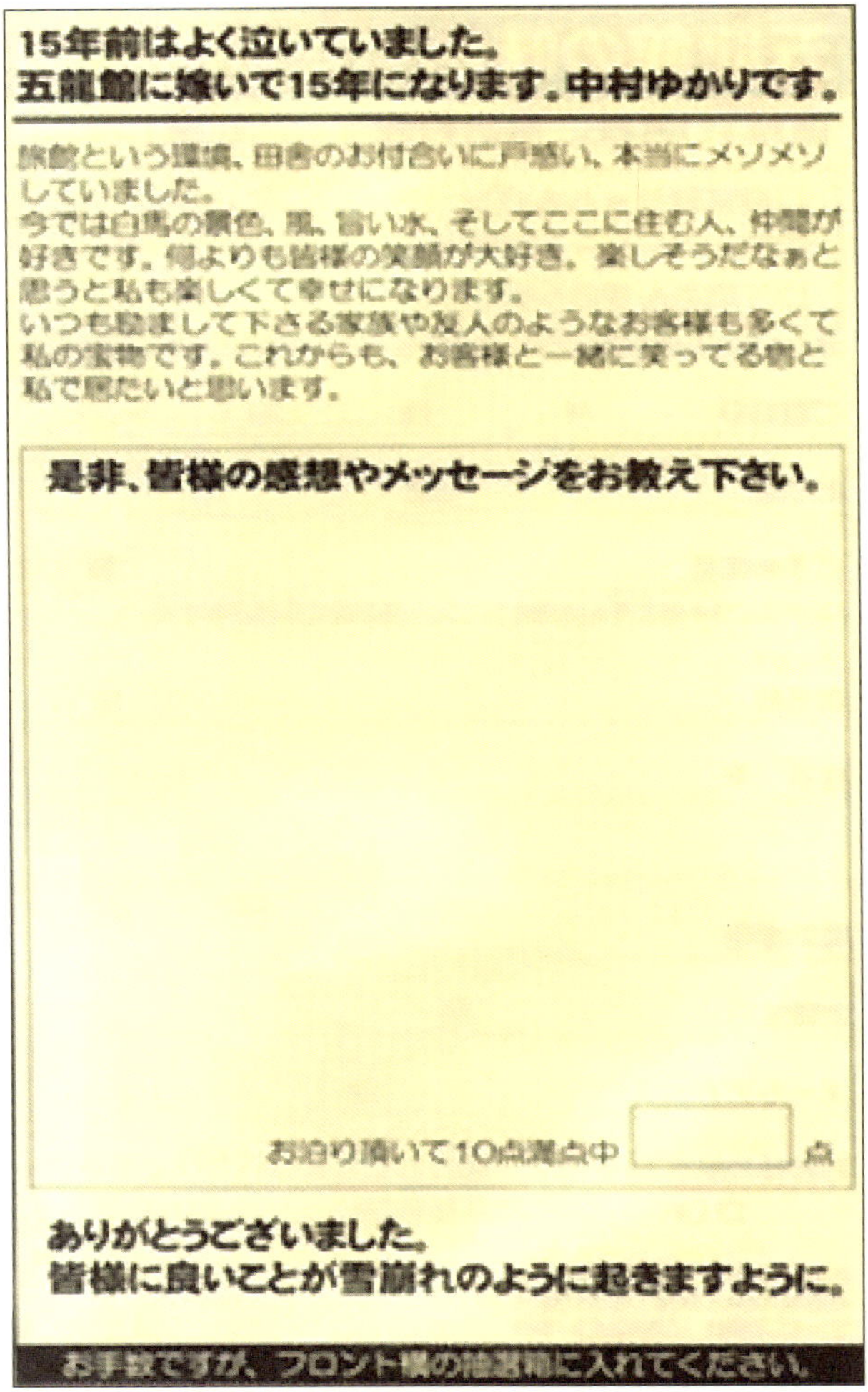
15年前はよく泣いていました。
五龍館に嫁いで15年になります。中村ゆかりです。

旅館という環境、田舎のお付合いに戸惑い、本当にメソメソしていました。
今では白馬の景色、風、旨い水、そしてここに住む人、仲間が好きです。何よりも皆様の笑顔が大好き。楽しそうだなぁと思うと私も楽しくて幸せになります。
いつも励まして下さる家族や友人のようなお客様も多くて私の宝物です。これからも、お客様と一緒に笑ってる宿と私で居たいと思います。

是非、皆様の感想やメッセージをお教え下さい。

お泊り頂いて10点満点中　　点

ありがとうございました。
皆様に良いことが雪崩れのように起きますように。

お手数ですが、フロント横の投函箱に入れてください。

女将さんの個人的な「顔」を出して、反応のいいアンケート用紙。どういうメッセージをもらいたいかで、問いかけのコトバがちがってくる。お客さまのよろこびの声は、スタッフのモチベーションアップにも役立つ。

はじめに

こんにちは。藤村正宏です。

マーケティングのコンサルタントをしています。

マーケティングコンサルタントっていっても、僕は経済学を一度も勉強したことはありません。

大学で専攻していたのは「演劇学」です。

でもね、経済学を勉強しなかったことが、今はよかったと思っています。

机上の学問じゃなく、現場での生きたマーケティングを勉強できたからです。

経済っていうのは、一見合理的なことのように思えますが、実はそうじゃない。

消費者は論理ではなく感覚でモノを選んだり、衝動的にまったく思いもよらない商品を買うこともあります。

不景気だ、個人消費が伸びない、デフレだといわれていたときでも、豪華な旅行や豪華なレストラン、飛ぶように売れている高価な商品がありました。

ロジカルに考えていても、モノは売れないんですね。
モノを売るためには直感や感情が大切なんだということ。
ロジカル・シンキングなんてしなくていいのですよ。

ロジカル・シンキングなんてしているから、
モノが売れない。
ロジカル・シンキングなんてしているから、
お店が流行らない。
ロジカル・シンキングなんてしているから、
あなたは成功できないんです。

だいたい人間っていうのは、感情的な動物だし、直感的に生きているんです。

あなたのお客さまも、「あ、これが欲しい！」って最初に思うのは、「感情」や「直感」によるものなんです。
最初からロジカルに考えて「欲しい」なんて思う人は、ひとりもいないってこと。

だから……、
いきなり「ロジカル・シンキング」をするのはやめましょう！
「感情」や「直感」が重要です！

いつも思うことなんですけど……、
どうして同じモノを売っているのに、売れる店と売れない店があるんでしょうか？
同じ商品を営業しているのに、成績のいい営業マンと悪い営業マンが存在するのでしょうか？
似たような性能、価格、イメージの商品なのに、売れるモノと売れないモノが出てくるのでしょうか？

それは「伝え方」のちがいなのです。
人の感情を動かす、そういう「伝え方」をしなければ、モノは売れないんです。

まずは、お客さまの感情を刺激すること。
お客さまの感情に届く伝え方をしましょう。
そのためには、「コトバ」を使うことが必要になってきます。

伝わるコトバ……
届くコトバ……
動かすコトバ……
それは「売れるコトバ」なのです。

ではでは、「売れるコトバ」について、一緒に考えてみましょう。

二〇〇六年二月

藤村正宏

藤村流　売れる！コトバ　目次

第2章 POPは販促の基本。あなたのコトバを磨いていこう！

第3章 ターゲットをせまく設定して明確なコトバで語りかけよう！

第4章 ファックスDMは面白くてストーリーのあるコトバで！

第5章 アンケートのコトバを工夫してお客さまの声を集めよう！

第6章 個人の顔を出した「お手紙」をお客さまに書こう！

装丁◆渡邊民人（TYPE FACE）
本文設計・DTP◆宮嶋まさ代

第1章

あなたの**商品の価値**を**わかりやすいコトバ**で伝えよう！

商品の価値を決めるのはお客さま

世阿弥がかつて、いいました。

「花は観手に咲く」

世阿弥は能を観て美しいと思ったり、すばらしいと感じたりする感動を、「花」と表現しました。

そして、その「花」は能を舞っている演者にあるのではなく、観ている観客に咲く。

そういったのです。

この含蓄のあるコトバは、現代のビジネスに貴重な示唆を与えてくれます。

日々ビジネスに携わっている僕たちは、このコトバを、しっかりと胸に刻まなければならないでしょう。

花は観手に咲くんだ。

そういうこと。

ビジネスでの「花」。
それは、あなたの会社の価値、お店の価値、商品の価値……そういうことです。
そして、その「価値」は、あなたにあるのではなく、お客さまに咲くってことです。

伝わってます？

モノであれ、サービスであれ、あなたはきっとすばらしい商品を売っているでしょう。
でもね、そのすばらしさは、あなたの商品にあるわけではないんです。
それはあなたが決めることではないってこと。
お客さまが決めるんです。
ですよね。

だからあなたの商品の価値を、お客さまに咲かせなければならないんです。

これはどういうことかというと、お客さまにあなたの商品の価値を正確に伝えなければならないってことです。

あなたがどんなにすばらしい商品を売っていても、あなたの会社がどんなに優れたサービスを提供していても、お客さまにそのよさを伝えなければ、それは存在しないと同じことなんです。

そう、伝わらないってことは、存在しないんです。

だから伝えましょう。


そして、伝えるためにとても重要なこと――それが、

「コトバ」

なんです。


伝えるためには、「コトバ」がとっても大切です。

コトバはコストがかからない。

でもコトバの選び方ひとつで、売上が変わるんです。

コトバを変えたからって、チラシの印刷代が変わるわけではない。

コトバを変えたからって、インターネットのホームページがよけいにお金がかかるわけじゃない。

でも、コトバひとつ変えただけで、販促物の反応があがり、売上が劇的に変わることもあるんです。

あなたの商品の価値を伝えましょう。

コトバに注意をはらわなければならないのです。


花を見て美しいと思うのは、花が美しいのではなく、美しいと感じた人のこころが美しい。

ひとことつけ加えただけで、年間売上一〇〇億円アップ!

コトバは、驚くほど力を持っています。


それを実感した出来事がありました。

僕のお客さまで、全国に六〇〇店舗近く直営店舗を展開しているカメラ専門店。

ここの販促のお話。


三年間というもの、チラシを出しても出しても、反応が悪かったんです。

それまでは、新聞折込チラシを入れると、けっこう反応がよく、売上もあがっていたんですね。それが三年前くらいから、売れなくなった。

でも店長さんたちは、売れないとわかっていても、チラシを入れないと不安になる。

もう、麻薬みたいなもので、入れないと売上が落ちるんじゃないかって、入れちゃうんですね。

六〇〇店舗近くが全店舗、新聞折込チラシを入れるだけで、すごいお金がかかるわけですよ。一回のチラシでそれこそ、一億円以上かかってしまう。

それを年間一二回実施したら……。

ねっ、おそろしいでしょ。

効果があるのかないのかわからない販促に、お金を注ぎ込む。利益をドブに捨てているような状態です。

反応が悪かったチラシっていうのは、デジタルカメラやビデオカメラがずらーっと並んでいる、そういうチラシです。

商品がただ並んでいるだけ。

デジタルカメラが安い、っていうことをいいたいんでしょうけど、伝わらないんです。

コトバを使わなきゃ。

っていうことで、コトバを使うことにしました。

チラシの一番目立つところに、

「そうか！　デジカメがこんなに安く買えるんだ！」

と大きく書きました。

キャッチコピーです。

それに続けて、どうして安く買えるのか、理由を書いたんです。

一括仕入れや下取りのこと、他店ではポイントのところを現金値引き、などなど。

するとすごい効果。

三年間というものまったく反応がなかった折込チラシが効果を発揮したんです。

六○○店舗ほとんどの店で、ぐんぐん売上が伸びた。

なかには対前年同月比四○○％以上の成果があがった店なんかもあって、ちょっと信じられないほどの効果でした。

これはコトバの力でしょ。

コトバをちょっと加えただけで、売上が爆発的に伸びたんですからね。

社内の空気も、「それまであまり期待していなかったチラシも、やり方しだいではまだ効果があるぞ」――そういうことになった。

そしてそのチラシを使い続けた。

効果のあった販促物は、それを使い続ける。これがマーケティングの鉄則です。

「そうか！　デジカメがこんなに安く買えるんだ！」

このヒットコピーのチラシを、反応が落ちるまで使った。

「そうか！」の部分を、「うっそ～！」とか「えぇっ！」とかに変えたりしましたが、同じコトバを使い続けました。

結果、面白いほど売上が伸びたんです。対前年同月比、を毎月クリアしていった。

それは見事でした。

一年たったとき、このコトバの効果を計測してみました。
このチラシの効果で年間売上が、なんと一〇〇億円増えたんです。
一〇〇億円ですよ。
コトバひとこと加えただけで、です。
たったそれだけのことなんです。どう考えても、それ以外考えられないわけです。

一〇〇億円を上回る売上をあげるために、コストが増えたか？
そんなことないですよね。
コトバを使うことによって、チラシの印刷代が増えたわけじゃない。
コストゼロです。以前と同じ販促経費です。

コトバっていうのは、コストゼロなのにもかかわらず、売上に直結している。
そういうことです。

さらに、この一〇〇億円は、チラシ直接の経済効果だけです。

このカメラ専門店は上場している会社で、売上があがるとともに、株価も上昇していったわけです。一時期は、このチラシを配布する前の、四倍くらいの株価になったんです。

コトバひとつ変えただけで、売上があがって、業績がよくなり、株価が上昇した。

コトバはすごい力を持っているんです。

このことをまず認識してください。

コトバで伝えなければ伝わらない。
コトバを変えても、お金はかからない。

コトバひとつで世界が変わる

コトバっていうのはすごい力を持っています。

ただし、売上をあげるためには、
業績をよくするためには、
ただのコトバではダメなんです。

そう、「売れるコトバ」でなければ、売れないんです（当然のことですが）。


売れるコトバを使うだけで、あなたの販促物は今まで以上に反応がよくなり、効果が出て、売上があがり、業績もよくなる。

そうなったら、いいですよね。

効果的な販促物がつくれるようになったら、世界が変わります。


どうしても買いたくなるダイレクトメール。

反応のいい折込チラシ。

次々と注文が集まる、インターネットのホームページ。

そんな効果がある販促物をつくれるようになったら……。

売上が足りないときに、そのダイレクトメールを出せばカバーできる。
集客させたいときに、そのチラシをまくと集客できる。
新しい商品を売りたいときに、ホームページに載せるだけで売れる。
そんなことが可能になってくるわけです。

そして反応のいい販促物に必ず存在するのが、「売れるコトバ」なんですよ。
どうしてかって？
じゃあ、ちょっとあなたの会社の販促物を見てください。
コトバがないものってありますか？

新聞広告、雑誌広告、チラシ、ダイレクトメール、ＰＯＰ、メルマガ……。
必ずコトバがありますよね。
キャッチコピー、サブコピー、解説文、キャプション……。

あまり意識していないかもしれませんが、コトバがない販促物はほとんどない。ということは、お客さまに価値を伝えるためにはコトバが必要だということ。コトバで伝えるのが、もっともカンタンな方法なんです。

今使っているコトバを、売れるコトバにするのには、コストはかからないわけです。そして、売れるコトバを知っているのと知っていないのとでは、その後の結果が大きくちがってくる。

知らないで一日過ごせば、それだけで、本来あったはずの売上が消滅しているかもしれないのです。

さらに、コトバは誰にも公平に使うことができる道具です。

資本が多いとか少ないとか、規模が大きいとか小さいとかに関係なく、誰でもコトバは自由に使える。

売上を伸ばしたいのなら、今まで以上に、「コトバ」に注意をはらう必要があるのです。

そして、売れるコトバは誰でも身につけることができるんです。
ちょっとしたコツを覚えれば、ある程度のところまではいけます。
さらに、もっと売れるコトバを持つことも可能になります。

でも、特別なコトバっていうことではありません。
普通のコトバです。
さらに販促物以外のものにも効果が出てきます。

たとえば、あなたが日々使っている「名刺」や「会社案内」、「パンフレット」、「ニュースレター」、「請求書」、「領収書」……これらもすべてコトバがはいっています。
ですから、コトバに注意をはらうことで、こういうツールも売上に貢献するようになるのです。

これはどういうことかというと、会社が外に出すものはすべて、
「販促物」

になり得るってこと。


あなたの会社の会社案内は販促物になっていますか？

あなたの名刺は販促物になっていますか？

あなたの会社の領収書は販促物になっていますか？


これを、具体的なコトバで説明してみましょう。


お客さまに会社案内を渡したとします。

お客さまは、あなたの会社案内を見て、

「この会社と今すぐ連絡をとりたい」

そう思ってもらえるようなつくりになっているかどうか、ってことです。


名刺交換したときに、相手の方があなたの名刺を見て、

「あ、この人に仕事を頼もう」

そう思ってもらえるようになっているか、ってことです。

だから、名刺に売れるコトバをつけ加えたり、会社案内の文章を工夫したり、パンフレットのキャプションを見直すだけで、売上があがったりするんです。

実際にそういう事例も、たくさんあります。

そう、普通の印刷物が販促物になる。
これは強いですよね。

だって、他の会社はそう思いこそすれ、まだあまりやっていないことですから。

さあ、「売れるコトバ」を身につけて、効果的な販促物をつくりましょう。

きっとあなたのビジネスが劇的に変わるはずです。

コトバには売れるコトバとそうでないコトバがある。

コトバのない販促物はない。

売れるコトバのポイントは「わかりやすさ」

売上があがらない。
モノが売れない。
集客ができない。

そのほとんどの理由は「わかりにくい」ってことなんです。

お客さまはどうして、わざわざお金をはらって、あなたの商品を買う必要があるのか、その理由がわからない。

だから、売上を伸ばしたいのなら、「買う理由」をわかりやすく説明してあげれ

ばいいのです。

「わかりやすさ」

これがとっても大切なことです。

現在は、製品の差っていうのはほとんどなくなってきました。

みんないい製品です。

技術が向上した結果、悪いモノなんてほとんどない。

お客さまは、たくさん似たような商品がある中で、どれを買ってもいいわけです。

さらに、どれも買わなくてもいいかもしれないのです。

それなのにどうしてわざわざお金をはらって、あなたの商品を買わなければならないのか？

この「買う理由」。

これをわかりやすく教えてあげなくてはなりません。

ですから、まずあなたがやるべきことは、あなたの商品の価値を明確にすることです。
できる限り具体的に明確にしてみましょう。
どこが「買う理由」なのかを、徹底的に検討するのです。

そしてそれをわかりやすいコトバで表現してみましょう。
日常使われているコトバでかまいません。
具体的なコトバ、普通のコトバ、会話のようなコトバ。

あなたの商品の価値を、具体的にわかりやすく表現する。
わかりやすくするだけで、売れるようになる商品がたくさんあります。

たとえば、以前こういうことがありました。
ある全国チェーンの子供写真館。
ここのオープン用のチラシです。

子供写真館というのは、七五三などの記念写真を、気軽に、本格的に撮ることができる、子供専用の写真館です。

特徴としては、たくさんの衣装の中から好きなのを選べて、メイクやヘアーもできる。何枚も撮影して、撮った写真から好きなのを選べる。

普通の写真館よりも、カジュアルな雰囲気と、価格がリーズナブルということで、業績を伸ばしている業種です。


多くの場合、ショッピングセンターの子供服売り場やおもちゃ売り場の近くに出店したりするんですね。

ですから、そのショッピングセンターやモールがオープンする一週間とか一〇日前くらいに、新聞折込チラシを入れるんです。

予約商売ですから、オープン前に告知するわけです。


そのチラシにこういうキャッチコピーを書いて、近隣に七万枚折り込みました。

子供写真館OPEN！
OPEN SPECIAL EVENT
わくわくキッズ写真展　参加者大募集！
参加料三〇〇〇円　四切りプリント木製額つきプレゼント

するとどうでしょう？


折り込んだ初日、予約電話は……〇件。

まったく伝わらなかったんですね。


「この『わくわくキッズ写真展』って、何なんですか？」

「あ、これはオープンの特別なイベントなんですよ」

「お客さまにとって、どういう価値があるんですか？」

「えーっとですね、たった三〇〇〇円でお子さまの写真がいっぱい撮れて、撮影した写真の中からお気に入りの一枚が、四切りプリント額つきでもらえる、とってもお得なキャンペーンなんですよ」

「あ、そのほうが伝わる」

ということで、チラシのコトバを変えたんです。
同じ七万枚を近隣に折り込みました（1ページ参照）。

子供写真館OPEN！
撮影体験キャンペーン　参加料三〇〇〇円
わずか三〇〇〇円で、お子さまの写真がいっぱい撮れて、
撮影した写真の中からお気に入りの一枚が、
四切りプリント額つきでもらえる、
とってもお得なキャンペーンです！

するとどうでしょう？

折り込んだ初日、予約電話は……九六件。

伝わる内容だったんです。


わかりやすくしただけです。

何かすばらしいキャッチコピーを考えたわけでも、ウルトラCのコトバを使ったわけでもありません。

お客さまに、このオープンキャンペーンの価値を、わかりやすく普通のコトバで書いただけです。


ただわかりやすくしただけで、反応がちがうわけです。

当然、売上にちがいが出ることは、火を見るより明らかなことですよね。


現代人はとてつもない多量の情報におぼれているような状態です。

好むと好まないとにかかわらず、情報のほうから雪崩れのようにやってくる。

だからいちいち見てられないんですね。

わかりにくい表現は、見てもらえないんです。
いくらかっこつけたって、見てもらえなければ、売れない。
わかりにくいものに対して、わざわざ問い合わせをするほど暇じゃないってこと。

わかりやすくしなければ、ダメなんです。
わかりやすくするだけで、ずいぶんちがいが出る。
これは確実です。
わかりやすくするだけで、売れるようになるものが、いっぱいあるんです。

あなたがまず実行すること、それは、あなたの販促物がわかりにくくないかを、チェックすることです。
だって、たいていの場合、売れない理由は「わかりにくい」からなんですから。

だから売上を伸ばすためには、あなたの商品の価値を具体的に明確にして、それをわかりやすくお客さまに伝えることです。

わかりやすいかどうかをチェックしてみよう。
伝える価値を具体的なコトバで表現してみよう。

かっこいいコトバより伝わるコトバ

わかりやすく表現することは、とても大切なことです。

わかりにくくて、価値が伝わっていない広告っていうのが、よくあります。
とってもきれいで、美しく、キャッチコピーもかっこいいコトバを使っている。でも、
なんだかよくわからない広告。
こういうのを見たことありませんか？
けっこうあるんです。

広告の目的って何ですか？
商品を売ることですよね、最終目的は。
かっこいい広告をつくることじゃないんです。広告は芸術作品ではないのですからね。
でも、広告が作品だと思っているプランナーやデザイナーが多い。
広告が目的になってしまってはダメなんです。
広告の目的は販売促進ですから。

伝わってます？

だからかっこいいコトバより、伝わるコトバを使わなければなりません。
普通のわかりやすいコトバでいいんです。
たとえばこれは僕が関係している観光ホテル、北海道阿寒湖畔にある「鶴雅」のチラシの話です。

冬の北海道、特に阿寒湖のある道東は寒さも厳しく、夏や秋に比べると、ちょっと集客が弱いわけです。


でも、冬だからこそ、価値が出てくるものもあるんですね。

あたたかい温泉は、寒いときにはいると、これはこれで気持ちがいい。

雪を見ながらの露天風呂なんかは、格別ですよ。

冬の食材、蟹や牡蠣なんかも美味しい季節です。

ホテルの中でゆったり過ごすことも価値になります。


「冬の温泉」、その価値を伝えるチラシです。

そのコピー、最初は、

「温泉にも旬がある」

だったんです。

たしかにかっこいいですよね。コピーライターが書きそうなコピーです。

気持ちはとってもわかります。


でも、残念ながらわかりにくい。

それで、スタッフで考えました。

いろいろと頭をひねっているうちに、お客さまのアンケートを見てみようということになった。

すると、お客さまの声の中にこういうのがあったんです。

「何度か訪れていますが、
私は、冬が一番好きです。
温泉もお料理も存分に楽しませてもらいました。ありがとう。」

これだ！

これをそのまま載せ、メインのキャッチコピーを、

「鶴雅は冬がいい。」

ストレートでしょ。

おまけに普通のコトバです。

普通のコトバでいいんです（2ページ参照）。

これに続いて、どうして冬がいいのかを、普通のコトバで、できるだけ具体的に告知していきました。

チラシの中面にある「冬の鶴雅遊び方読本」というタイトルの部分です。

「ゆかたでワインを愉しむ」

「阿寒の冬景色を眺めながらの朝の露天風呂」

「冬が旬の食材の美味しさ」

「ホテル内のギャラリーやオーディオルームの過ごし方」

などなど、冬の「鶴雅」の価値を、具体的に表現したんです。

結果、とっても反応がよかった。

普段のチラシに比べると、予約のはいり方が早かった。


素直でいいんです。

広告のコピーだからって、凝った表現を使わなければならないなんてことないんです。

かっこいいコトバよりも、伝わるコトバを使いましょう。

キャッチコピーっていうと、どうしてもかっこいいコトバを使いたくなるかもしれません。でも、それは、イメージは伝わるかもしれないけれど、それだけじゃ売上はあがらないんです。

販促物を考えるときは、

「あなたの商品の価値を、お客さまの中に咲かせる」

という意識になることが大切なんです。

かっこいいコトバより伝わるコトバ。

素直に価値を伝えよう。

危険！　伝わっていないのに、伝わっていると思い込むこと

いかにもかっこよくて、面白く、とっても立派。
予算もたっぷり使って、イメージを発信している。
でも、まったく効果がない。
こういう広告って多いんです。
あなたの広告物、こうなっていませんか?

そういう広告に、これまで何百億円が無駄に費やされてきたのでしょう。いや、もしかすると、何千億円、何兆円かもしれない。
もはや計算不能……。

特にテレビのＣＭ。

以前に比べるとかなりマシになりましたけど、一〇本に八本くらいは、

「伝わってないじゃん」

そういうのが多い。

イメージだけで、その商品の魅力がまったく伝わっていない。

そういうＣＭ。


もちろん、ＣＭの質はとってもいいんですよ。

面白いし、センスもいいし、美しいし、魅力的だし。でも、

「どうしてほしいの？」

そういう疑問が浮かぶ。

ひどいのになると、何の商品なのかもわからないＣＭがある。


誰でも知っているあるＩＴ系有名企業の、テレビＣＭなんてすごいですよ。

ドラマ仕立てで、めっちゃ面白い。

続きもので、次にはどういうパターンで展開するのかも気になる。質のいい、ショートドラマを見ているようなＣＭでした。たぶん、ものすごい予算をかけて制作し、ものすごい予算をかけてオンエアしているのでしょう。でも、結局のところ、そのお金に見合うだけの効果はなかったはずです。

だいたい、見ている視聴者に、どうしてほしいのかが、わからない。それどころか、その商品がどういう商品なのかも、まったくわからない。

意図がまったく伝わらないＣＭです。

儲かりすぎて、お金の使い道に困ってしまったのか、もしかすると、文化貢献の一環でやっているのかもしれません（皮肉ですよ、念のため）。

ま、企業のＣＭだったらいいんですけどね、許せない種類のＣＭがある。予算が税金から出ているような公共のＣＭの場合。これは問題ですよね。まったく伝わっていないものを見るたびに、かなり頭にくる。無駄な税金を使うのって、本当に許せない。

お役人たちっていうのは、まったく経済観念がないっていうか、危機感がないっていうか。広告代理店の言いなりになって、効果のないプロモーションにお金をかけてしまう。こういうことが、とても多く見られる。

たとえば数年前の、とある県のＣＭがそうでした。その県に観光客を呼ぶのが目的のＣＭだったんですが、あのコマーシャルを見て、その県に観光に行こうと思った人って、いたんだろうか？　そう思わせるＣＭ。温泉と方言がテーマ。でも、よくわからないＣＭ。かっこいいＣＭではあったけど、イメージだけで、別にその県に行こうと思わない。

たぶん……、というか絶対に効果がなかったはずです（キッパリ！）。

だって、結果、観光客は増えていなかったんです。前年と同じだったんですよ。やれやれ。

制作費とオンエア料で二億五〇〇〇万円。県民や国民の税金をそんなに使ったんです。

それで効果なし。

二億五〇〇〇万円は、まったくの無駄金だったわけです。


それだけ予算をかける覚悟があるのなら、もっと他の方法があったのに。

たとえば、こんな方法なんかやったら効果あると思うんですよね（公のお金を特定の個人に使うというのは、モンダイがあるのでしょうが）。


首都圏や関西圏を中心に、インターネットで県の観光客モニターを募集するんです。

条件は県外に住所のある人。そしてひとり一万円がもらえるようにする。

これはどういうことかというと、県内の旅館・ホテル・観光施設・土産物屋などで使える、一万円の金券がもらえるってことです。

家族四人でモニターになったら、四万円もらえるんです。

要は観光客に来てもらって、県内でお金を使ってもらおうってシナリオ。

応募があった人の住所に金券を郵送するんですね。

でもその金券はそのままだと使えないわけです。

県内のキャンペーン主催施設で、その金券に有効印を押してもらってから使うわけです。もちろんモニターは、インターネットで募集するから、メルアドは集まります。郵送だから住所氏名も集まる。


この方法で、モニターを一万人集める、これで一億円かかる。

インターネットのホームページ作成と、ネットプロモーションに五〇〇万円。

ポスターや金券などの作成、郵送費などに三〇〇〇万円。

これで一億三五〇〇万円。

集まったメルアドや住所にアフターフォローして、県の特産品を通販するのは、いうまでもないですよね。

こういうふうにやれば、予算は、雑費を一五〇〇万円と考えたとしても、一億五〇〇〇万円ですよ。

どう考えても、効果のないテレビCMに二億五〇〇〇万円かけるより、観光客は増えるでしょう。

おまけに、その後のアフターフォローの仕方しだいでは、県のファンをたくさんつくることができるはずです。

毎年こういうシナリオを実施し、ファンをつくっていくんです。

もし顔の見えているファンがたくさんいたら、いろいろなことができますよね。

県が主導で、県内の名産品を全国に通販する仕組みをつくったり、ファンだけの特典ツアーを企画したり、さまざまな観光政策がとれる。

伝わっていないのに、伝わっているような錯覚に陥らないでください。

伝わらないのは、存在しないと同義語なんです。

伝わっていると勘違いしないこと。今の販促方法に替わる方法が他にないか？

第2章

POPは販促の基本。あなたのコトバを磨いていこう！

あなたの会社が小売店で売られていたら？

ちょっと、小売店の話をしますね。

小売店以外の読者の方、
「あ、自分には関係ないや」って思わないでください。
とっても関係のある話ですから。

ちゃんと読んでくださいね。

いいですか？

小売の現場では、ＰＯＰがとっても重要な働きをするんです。
小売店の場合、ＰＯＰが売上を決定するといっても過言ではありません。
小売店の売上をあげるためには、ＰＯＰは必須条件なんです。

どうしてかっていうとね、

「ほとんどのお客さまが、店頭で購入決定をしている」

という法則があるからなんです。

どの商品を買うかを、あらかじめ決めて来店しているお客さまは、ほとんどいないってことです。

決めていると自分で思い込んでいる人でも、売り場で気が変わってしまうこともある。

そういうお客さまに、「この商品はこういう理由で、買うといいんですよ」と教えてあげるのがＰＯＰの役割なんです。

そう、「買う理由」を教える道具。

たとえばあなたが、風邪をひいてドラッグストアに行ったとします。

風邪薬が四種類並んでいたとしましょう。

ＰＯＰがついています。

①頭痛、喉の痛み、発熱の風邪の方にはこれ。ビタミン剤も配合しています
②咳の症状を抑える成分入り。ともかく咳を止めたい方に
③眠くなる成分がはいっていません。風邪の初期症状にオススメです
④（何もＰＯＰがついていない）

どうですか？
この四つの風邪薬の中で、一番売れない薬はどれだと思います？
考えるまでもありませんよね。

そう、正解！

ＰＯＰがついていない、④の薬です。
だって、買う理由がわからないからですよね。
お客さまはどうしてその商品を買わなければならないのかが、わからないからです。
買う理由を教えてあげなければ、買ってくれないってことです。

そして、お客さまに「買う理由」を教えてあげるのが販促物ですよね。

ＰＯＰっていうのは、小売店の売上を伸ばすためには、とっても重要なアイテムなんです。

そして重要なことは、ＰＯＰっていうのは販促物の基本だということ。

ＰＯＰは販促物の、一番最小単位になっているものなんです。

ＰＯＰは究極のキャッチコピーなんです。

だから「ウチは小売しているわけじゃないんだから、ＰＯＰなんて関係ないし」って思っていた、そこのあなた。

とっても関係あることなんですよ。

ここまで、伝わっていますよね。

そして、ちょっと想像してみてほしいんです。

あなたが扱っている商品やサービスが小売店で売っていないモノでも、ちょっと考えてみてほしいのです。

「もし、小売店で売っていたとしたら」

ということを。


たとえばあなたがインターネット株取引のシステム構築を扱っているとします。

たくさん似たような会社や商品と一緒に小売店に並んでいる。

そう想像してみてください。

そのときに、あなたは自分が扱っているそのシステムにどういうＰＯＰをつけますか？

お客さまが、あなたの会社にネット株取引システムを発注する「理由」です。


あるいはあなたは法人相手の印刷屋さんだとします。

あなたの会社が、小売店でたくさんの同業の印刷屋さんと一緒に並んでいます。

そう想像してみてください。

そのとき、あなたは自分の印刷会社にどういうＰＯＰをつけますか？

お客さまが、印刷物をあなたの会社に依頼する「理由」です。

伝わってますよね。

ＰＯＰは、小売店だけの媒体ではないんです。

「もし小売店で売られていたら？」
「自分の商品のＰＯＰを考えてみる」
「自分の会社のＰＯＰを考えてみる」

これはとっても気づきがあります。とってもいい訓練になります。

というのも、すばらしく価値の伝わるＰＯＰが書けるようになると、なんでも書けるようになるからです。

チラシでも、ダイレクトメールでも、ホームページでも、売れるようにすることができます。

「売れるコトバ」を身につけるためには、ＰＯＰの概念で考えてみるのです。
「売れるコトバ」を手に入れるためには、商品のＰＯＰをつくってみるのです。

ＰＯＰっていうのは、キャッチフレーズやキャッチコピーを考える、とてもいいエクササイズになります。

そんなこといわれても……、

「今までＰＯＰなんて必要だと思ってもいなかったし」
「ＰＯＰなんて小売店がつけるものでしょ。ウチはメーカーだから」
「急にＰＯＰを考えろっていわれてもね」

そう思う方、いると思います。

でも大丈夫！

基本から解説します。

ＰＯＰを今まで一度も書いたことのない人でも、反応のいいＰＯＰを書けるようになる方法をレクチャーしましょう。

あ、でも僕が教えるわけじゃないんです。

毎日、小売の現場で、反応のいいＰＯＰを書いている人がいます。

僕のエクスペリエンス・マーケティング実践塾の第一期卒業生、橋本　亨氏に登場してもらいましょう。


彼は大阪の堺市で、「ハッピー薬店」というドラッグストアを経営しています。

橋本氏のニックネームは「ハッピー」。店の名前も「ハッピー」。

そして、その店は一五年連続で増益を達成し続けているんです。

業績がいい理由はいろいろあるのですが、その中でもＰＯＰの力は見逃せません。

あの業界誌「商業界」で、「ハッピー薬店のＰＯＰすべて見せます！」という、八ページ・オールカラーの特集を組まれるほど、優れたＰＯＰで成果をあげています。

橋本氏のＰＯＰを見るために、全国各地から、ハッピー薬店に視察に来る人が後を絶ちません。最近では、売れるＰＯＰの書き方を教えるセミナーも実施しています。

エクスマの中でも、ＰＯＰといえばハッピー（これは橋本氏のニックネーム）、といわ

れるくらいの、

「POPの達人」

なんです。

ささて、ここからは橋本氏に、POPの基本から実践まで、レクチャーしてもらいます。はじめてPOPを書く人も、毎日書いている人も、とっても参考になる話です。

売れるPOPのルールとは？

こんにちは、ハッピー薬店の店主、橋本　亨です。

普通のクスリ屋です。

え？　普通のクスリ屋の僕が、どうして売れるPOPを書けるのかって？

それはね、実は僕はクスリ屋って接客業を営んでいるくせに、人と話すのが大の苦手だからなんです。

子供のころから恥ずかしがりやで、人に大きな声で挨拶なんか全然できなかったし、今でも雑談ってやつがほんと、できない。苦手なんです。

そんな、人と話すのが苦手な僕は考えた。

「人と話をしないで売上をあげるにはどうしたらいいのか？」

その答えが、ＰＯＰだったんですね。

そう、ＰＯＰは接客の代わりだったんです。

自分の話したいことを書けばいいんですよ。

とにかく、話したいことを書けば、お客さまが読んでくれて、理解してくれれば、その商品を買ってくれたりするんですからね。

セールスマンと同じです。


ＰＯＰは売上をあげる販促手段のひとつです。

売上をあげる販促手段には他に、新聞折込チラシやダイレクトメール（ＤＭ）など、いろいろありますよね。
他にはミニコミ誌、フリーペーパーなんかも最近はやっていますよね。
テレビや、ラジオのＣＭも販促手段です。
世の中にはいろんな販促物があふれているってことですね。

その中で一番基本中の基本、大切なものがＰＯＰなんです。
プロ野球選手でいえば、キャッチボールみたいなものなんです。
それはどうしてかっていえば、

①ＰＯＰはＤＭやチラシよりコストはかからない
②だから、まずはＰＯＰでヒットするかどうかテストする
③ＤＭもチラシもホームページもキャッチが大事
④ＰＯＰでキャッチが書けないと売れるＤＭやチラシがつくれない
⑤逆に売れるＰＯＰが書けると売れるＤＭやチラシがつくれる

ねっ、POPってほんと大事なんですよ！

POPのある商品とない商品では売上が全然ちがうんです。

そりゃ、なかには商品をしっかり把握されていて、値段だけを確認して購買されるお客さまもいらっしゃるけれども、そんな人は一〇％もいないんじゃないでしょうか。

自分が買うべき商品をわかっていて購入する人は、実は少ないんです。

仮にわかっていても、もっといいものないかな～って、物色している可能性も高い。

だから、POPというコストのかからない販促手法でもって、いいものをお知らせするんです。


それじゃ、僕が売れるPOPを書くときに注意しているポイントを解説しましょう。

POPのルール：ともかく注目させる！

「〇・五秒以内にキャッチできるか？」

僕は常にPOPを書くときに、これを考えています。

店頭は商品も含めて、情報があふれているので、これはとっても大切なことなんです。

だって、注目されなければ、見てもらえないですよね。

見てもらえないものが売れるわけがない。

だから、ぱっと見て、注目してくれるかどうか、これって重要です。


じゃあ、どうして人は「注目」するか？

その理由はひとつ！　「自分に関係するものかどうか？」なんです。


人はいつも自分が中心になっています。常に自分を中心に周りが回っているんです。

ですから、自分に関することであれば、注目してもらえます。

人が大勢いる場所でも、自分の名前（たとえば「橋本さ〜ん」）って呼ばれると、ドキッとして振り向きますよね。

たとえ、知らない人がたまたま、隣にいた同姓の橋本さんを呼んでいたとしても、振り向くんですよね。

だから、「橋本さん」って呼びかけるほうがキャッチできるんですよ。

たとえば、

「毛穴が一瞬で目立たなくなる！」

これは、日ごろから毛穴の開きなどを気にされている方には響きます。

そうでない方には全然、興味ないことですが。

同じように、

「仕事が休めず風邪を早く治したい方へ」

というコトバ（3ページ参照）。

風邪をひいていない方にはまったく興味のないPOPになります。

しかし、風邪をひいていて仕事の都合上、早く治したい方にはピンポンと響くキャッチになるんですね。

それも、「仕事が休めない」と「風邪を早く治したい」という二つのキーワードを書いているので、よりいいわけですね。

こんな感じで、見てほしい人をはっきりさせ、ダイレクトにその方に呼びかけるタイプのPOPが、売れるPOPです。


「ターゲットに呼びかける！」ってことです。

POPのルール：お客さまのコトバを書く！

お客さまがはじめに発するコトバをそのまま書くって方法です。「エッ？」といわせるのです。次にこころの中で「ナニっ!?　これ？」のシナリオで本文を読んでもらう手段です。

「えっ!?」「ウソォ～」なんてコトバがいいですね。

ほら、あなたも日ごろよく使っているでしょ。

お客さまのコトバを、そのまま使うと目にとまりやすいですね。

「えっ!?　まだ試していないの？」と問われたら、気になりますよね。「機会損失の恐怖」という心理です。

あと、ＰＯＰのコトバとは関係ないですが、人が行列をつくっていたら、何の行列なのか気になりますよね。

それも、「機会損失の恐怖」が働いて気になっているんですって。

日ごろの常識とちがうことをいうのも手ですね。

「えっ？　毛穴の開きは皮脂のせいじゃないの？」

このコトバっていうのは、こう考えてみてください。

販売員がお客さまにひとこと説明したとします。そのあとの、お客さまから返ってくるコトバを書くんですよ。

販売員「実はね、毛穴の開きって皮脂のせいじゃないんですよ」
お客さま「ええ〜っ！　皮脂のせいじゃないの？」

あるいは、

販売員「これはね、化粧水なのに一発で気になる毛穴が消えるんですよ」
お客さま「ウソォ〜？　一発で毛穴が消えるのぉ〜？」

お客さまから返ってくるコトバをそのまま書くほうが、こちらの都合のコトバよりも反応がいいんです。

どうしても販売員のコトバって営業トークみたいで、押しつけに思われたりして、嫌われがちじゃないですか。

自分のいいたいことをいえばいうほど、お客さまは引いちゃう。

それで、お客さまの聞きたいことをコトバにしたり、お客さまのコトバを使うほうが共感を得られるんですね。

POPのルール：大げさなコトバを使う

思いっきり、大げさなコトバを書きましょう！

これが得意な方は「プロモーター」の性格の持ち主ですね。

プロモーターって何かというと、よくコーチングの本に出てくる四つの性格分析からきたものです。

いつも明るく、前向きな「プロモーター」、
ちょっと控えめで、にこやかな「サポーター」、

その場をリードし、決断力を発揮する「コントローラー」、冷静沈着、論理的な判断をする「アナライザー」の四つに、人は分けられるのです。

派手めの洋服が好きで、比較的人見知りせず、いつも明るく元気な方がプロモーター。この方のコトバって、よく気をつけて聞いていると、大げさな表現が多いんですよ。どんな表現かというと次のようなものです。

魔法、初、奇跡、衝撃、必殺、驚愕……（3ページ参照）。

サポーターの方や、アナライザーの方はこのような表現方法を使うのは苦手です。いつも控えめな性格、論理的な性格ですからね。でも、目立つという目的にはすごく有効ですよ。

POPのルール：ビジュアルで訴える

目立つということでは、やはり、このビジュアルが一番、効果があると思います。

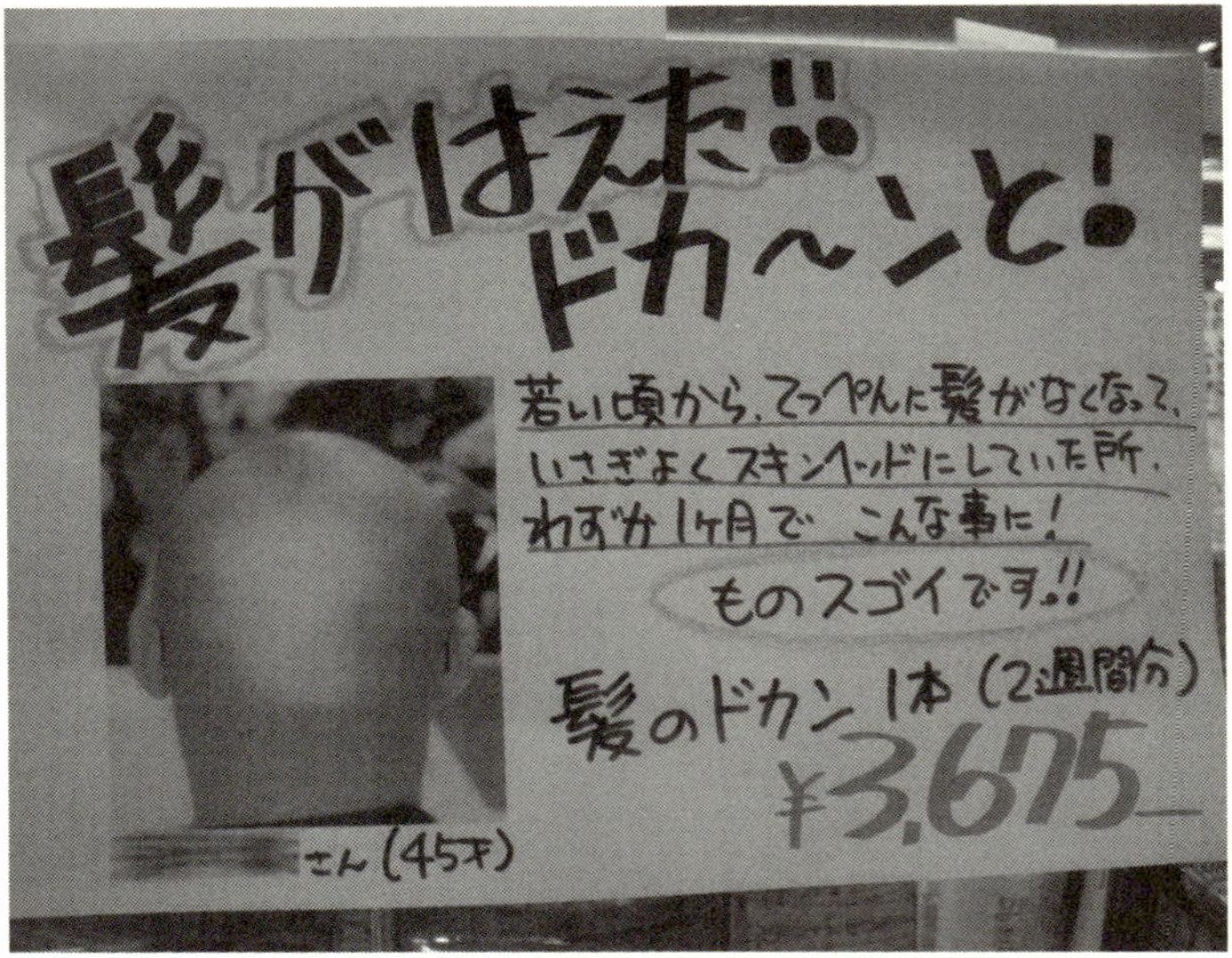

写真やイラスト、アイコンなどを使ったＰＯＰです。具体例を紹介しましょう。上のＰＯＰを見てください。

抜け毛予防のトニックなんですが、実際に使った方で毛が生えてきた人がいたんです。

この方は頭頂部がすっかりはげちゃったので、いさぎよくスキンヘッドにしていました。

だからこそ、産毛が生えてきてすぐにわかったんですね（この写真ではわかりにくいかもしれませんが……）。

それを聞いてすかさず、写真を撮らせていただきました。

僕の頭の中では、すでにこのＰＯＰ

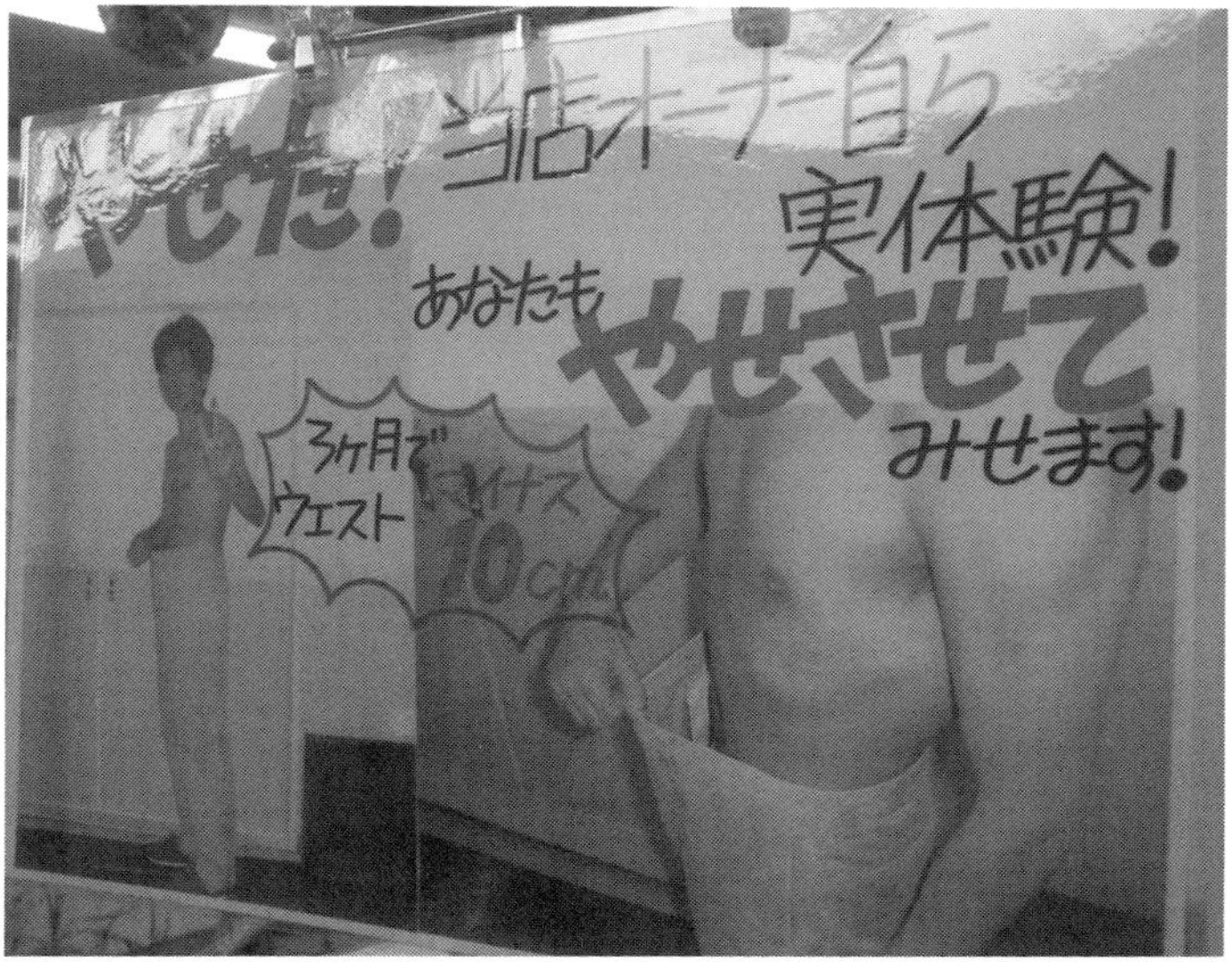
当店オーナー自ら
実体験！
あなたも
やせさせて
みせます！
3ヶ月で
ウエスト

がイメージされていたんですよ。

このPOPを使った結果、当店の育毛剤では、テレビCMで有名な商品よりも、この「髪のドカン」がダントツの売上です。

そして、やはり、ビジュアルといえば、僕自身がカラダをはって(笑)、登場しているダイエット結果の写真でしょう！

これだけで、店そのものが変わりました。

店に等身大で店長自ら裸になって「やせましたよ！」って訴えているわけですから、これほど、認知と信用を得たＰＯＰはないと思います。

それがきっかけで、僕の店の広告物はこの写真がすべてに使われています。

折込チラシ、ミニコミ誌、名刺まで(笑)ね。

ＰＯＰのルール：具体的な数字を使う

数字を使うと伝わるＰＯＰになります。

たとえば、

「四倍売れています！」とか、「七号サイズになりました！」とか、「買った人の九八％が満足しています」とかね。

具体的な数字は目を引くんですね。

さらに、具体的な数字があると、その商品の信頼性もアップします。

ＰＯＰのルール：買う理由

ＰＯＰを見てくれたお客さまが、それを欲しいと思わないと、商品は売れません。

だから、ＰＯＰでは、お客さまがどうしてあなたの商品を買わなきゃいけないのか、理由を伝えなければならないのです。

そこで気をつけなければならないのは、次のことです。

①お客さまはあなたの商品を欲しいわけではない
②○○したいのだ
③それで、□□な体験や生活を手に入れたい

そう、お客さまは商品には興味がないんです。

だから、いくらあなたのお店の商品のスペック（仕様・性能）のことを書いても、反応が悪いわけです。

まずは、お客さまに対して「そうそう、いつもそう思っていたのよ～」と思わせるようなコトバがいる。

決して、いつもそう思って生活しているわけじゃないんだけれど、あなたのコトバを見て、そう思うのです。

たとえば、

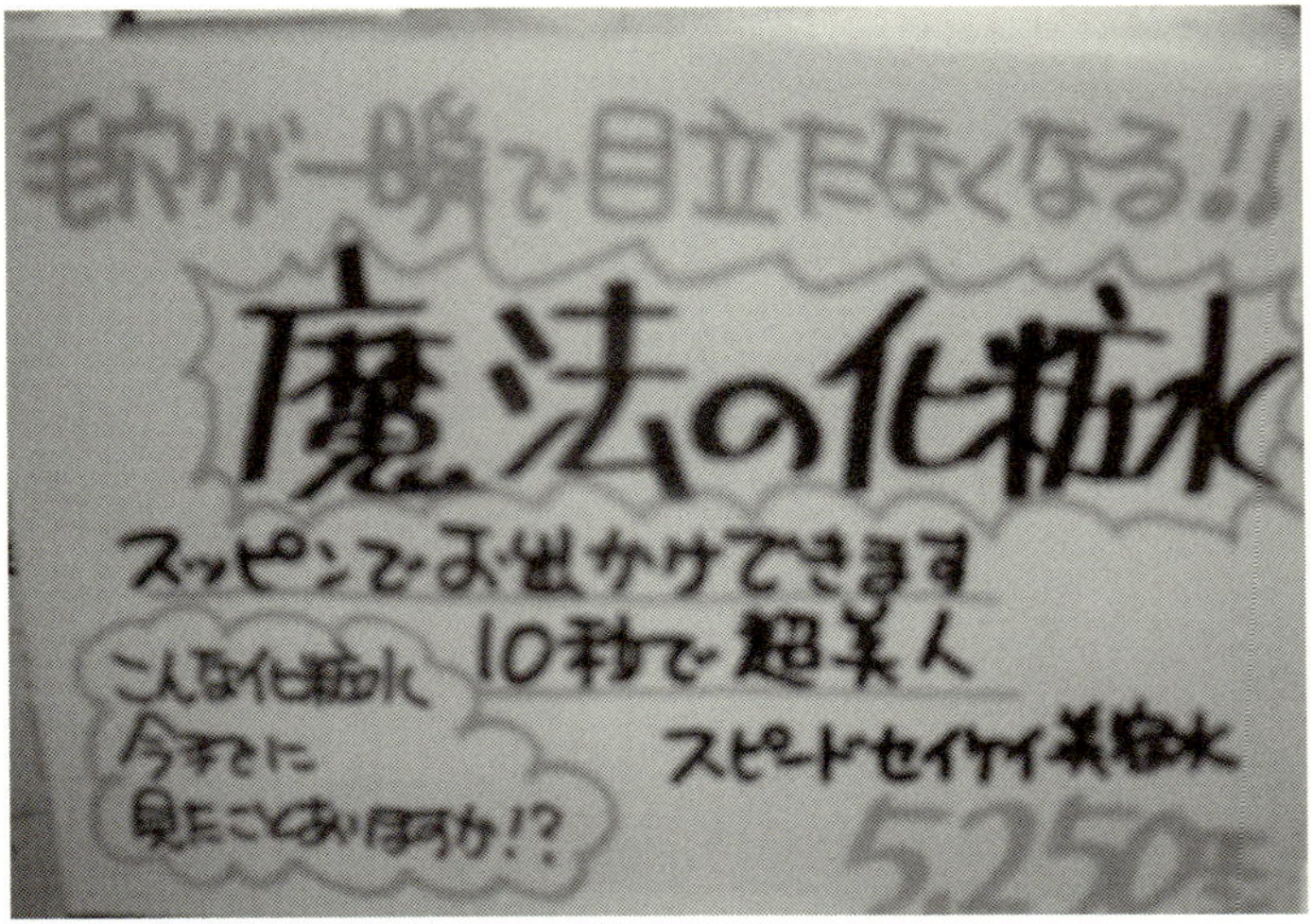

「スッピンでお出かけできます」

このPOPは化粧水のものです。

この化粧水には、アミノ酸パウダーというのがはいっていて、通常だとその特徴をいってしまうんですね。

「アミノ酸パウダー配合」とか書いてしまう。

でも、それだと伝わらないってことです。

買う理由がわかるか。

これに注意を向けてみましょう。これは重要です。

ほかに、買う理由がわかりやすいコトバとして、よく使われるのは、

「限定」「保証」「希少性」「おまけ」「ここだけの」「割引」「増量」「先着」

などなど、肩を押してくれるコトバです。

お客さまの「買う理由」がわかりますよね。

POPのルール：好きな理由を書く

あなたのおすすめ商品の好きな理由を書きましょう。

その理由に共感できたお客さまは、それが欲しくなります。

僕はほとんどの商品を自分自身で一度試しています。

そのわけは、まず、当店には六〇〇〇アイテムの商品があります。その中にはテレビCMでおなじみの商品もあれば、お客さまがまったく知らない商品もあります。

店の繁栄のためには、人間力も当然ですが、その店の商品力もよくなければなりません。

本当にいいと思ったものをおすすめすることが使命だと思っています。

お客さまの中には、テレビCMされて名の通った商品＝いい商品と思い込んでいらっしゃる方がけっこういます。

たとえば、テレビCMをたくさんやっている、ある有名胃腸薬。

これは、胃の酸を止める薬です。もともと、胃腸の消化力などが弱った方には、同じ胃腸薬でも、絶対におすすめできない商品なのです。

それを知らずして、飲み続けている方もいらっしゃいます。

病院の薬でもそうです。血圧を下げる薬や、コレステロールを抑える薬など、まるでサプリメントのように、何年、何十年と何も疑わず飲んでいる方が、本当に多いのです。

この人、高血圧の薬が本当に必要なのかな？　と思うときもいっぱいあります。

そんな状況ですから、当店では次のような接客の理念を掲げています。


「マスコミで広告されている商品よりも私自身が使いたい商品、私の家族に使わせたい商品をおすすめします」

なかには、押しつけと思われるお客さまもいらっしゃると思います。

それは、当店の接客レベルの低さを反省しなければなりません。

でも、当店が仮にいいと思うものを買っていただかなくても、不要なものを買わないようにしてあげることもできます。

こんな理念を持っているので、当然、おすすめする商品は自分自身が使って、本当によいと思うものです。


その中から、本当におすすめの商品を選択してＰＯＰにします。

そのよいと思った理由を正直にＰＯＰに書くのです。

仮に、多少、接客レベルが低かったとしても、ＰＯＰに助けてもらうことができます。

ＰＯＰのルール：欠点を書く（欠点を書くことで他のコメントの信用性が生まれる）

商品には、長所がある代わりに欠点もある場合があります。

薬でいえば、よく効く薬なんだけど、苦いってやつです。

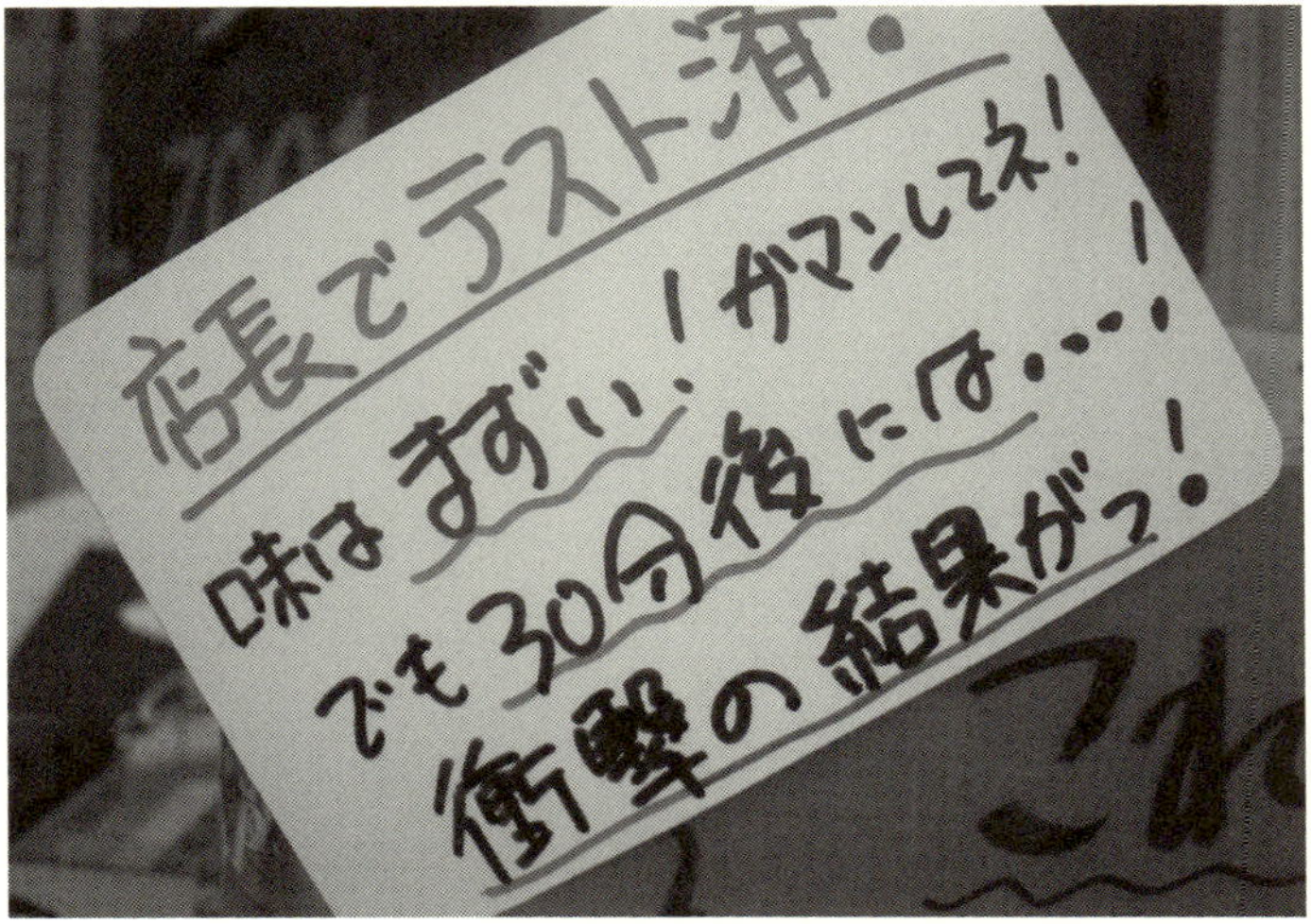
店長でテスト済・
味はまずい！ガマンしてネ！
でも30分後には…！
衝撃の結果がっ！

昔から「良薬は口に苦し」ってコトバがあります。

そんなときに、上のＰＯＰのように、先に欠点をいってしまうと、次からのコトバが信用されやすいのです。

皆さんがお客さまの立場なら、わかると思います。

営業マンにいいことばかりいわれると、逆に疑ってしまいますよね。

欠点が長所に変わるときもあります。

苦いということは苦くない薬より、エキスが濃いことなんです。

あるいは、粉薬で飲みにくいとしたら、その長所は早く効き出すってことです。

価格が高いとしたら、営業マンにそのわけを聞きます。
それが納得できると、それが、おすすめ理由なわけですね。
この発想は商品を仕入れるときにも役立ちますよ。
特に営業マンは、持ってきた新商品のいい面ばかりをいろいろいってきますよね。
そういうときに、僕はこんなふうに尋ねることにしています。

「いい面はわかりました。ところで、これの欠点は何ですか？」

ハッピー、どうもありがとう！
みなさん、ＰＯＰでの売れるコトバ、いかがでしたか？
ハッピー薬店の橋本社長がわかりやすく解説してくれました。
本当にＰＯＰは販促の基本です。
ＰＯＰで売れるキャッチコピーを練習してみてください。
そうすると、あなたのコトバも磨かれていきます。

売れるコトバをもって、すばらしい販促物をつくってください。

第3章

ターゲットを**せまく設定**して**明確なコトバ**で語りかけよう！

「販促物」の反応をよくする三つのポイント

反応のいい販促物をつくるためには、次の三つのポイントに注意をはらってみましょう。

①ターゲットを明確にする
②何を伝えるかを明確にする
③目標を明確にする

この三つを明確にするだけで、あなたの販促物は飛躍的に反応がよくなります。

①ターゲットを明確にする

これは、

「あなたのお客さまは誰なのか?」

ということ。

今さらいうまでもないことですが、これはとっても大切なことです。

これが明確でなかったら、どんなに優れた販促物をつくっても、効果はありません。


「お客さまの顔が見えていますか？」

ってことです。

でもこれは、よくCS（顧客満足）とかでいっている精神論じゃないんです。


誰だかわからない相手に、何かを伝えるのはとても難しいことです。

誰に伝えるのかがわからなかったら、コトバも内容も相手に合わせて考えられないってことです。

相手に合っていないコトバが届くはずないですよね。


誰に伝えるのか？

それを明確にしましょう。

②何を伝えるかを明確にする

あなたの商品のセールスポイントを明確にすることです。

お客さまはたくさん似たような商品があって、どこで買ってもいいんです。

もしかすると、買わないっていう選択肢があるかもしれません。

それなのに、どうしてあなたの商品をあなたのところから、わざわざお金を支払って買うのか？


この理由です。


これが何かを伝えるってこと。

これを明確にしましょう。


あなたの商品のセールスポイントはたくさんあるかもしれません。

たくさん伝えたいことがあるでしょう。

でもあえて、ひとつだけにしてみましょう。

伝えたいことは、とりあえずひとつにしぼってみる。
そのほうがわかりやすくなる。
だから伝わるんです。

他のセールスポイントは、ちがうところで解説するという考え方で、とりあえずひとつにしてみましょう。

③目標を明確にする

これはとっても大切です。
あなたの販促物を見たお客さまに、どうしてもらいたいのか？
これを考えてみましょう。

来店してほしいのか？

電話で資料請求してほしいのか？
ファックスで注文してほしいのか？

それぞれの目標があるはずです。

お客さまにどうしてほしいのか？
それが明確になっていない販促物が多い。
来店してほしいはずなのに、店の地図がわかりにくい。
わかりにくいどころか、地図さえ載っていない。
資料請求してほしいのに、電話番号が小さくてわかりにくい。
これは本当にもったいない話です。

以上の三つのポイントに注意を向けるだけで、あなたの販促物にちがいが出てきます。

あなたのお客さまは誰ですか？（ターゲットを明確にする）

あなたの商品のセールスポイントは何ですか？・(伝える内容を明確にする)
お客さまにどうしてほしいのですか？・(目標を明確にする)

ターゲットに呼びかけよう

たとえば、あなたがガス器具を売っているとします。

それは今までのガスコンロより、三〇％もガスを節約できる、そういう商品です。

そして広告を出す。


ターゲットが経済観念のしっかりした主婦だとします。

その場合、メインのコピーを、

「節約はお嫌いですか？」

など、金銭の節約を訴えるコトバにすると、より伝わりやすくなるかもしれませんよね。

でも、同じ商品でもターゲットがロハスな生活を目指しているご夫婦だったら？
「CO_2を三〇％削減できるようになりました」
というふうに、無駄なエネルギーを使わないこと、地球にやさしいことを訴えるキャッチコピーが、伝わるかもしれないってことです。

同じ商品であっても、ターゲットによって、伝わるコトバがちがうんです。人間は自分の関心のあることにしか、注意を向けません。だったら、販促物を考えるときに、ターゲットを明確にしたほうが、より伝わる販促物がつくれるようになるってことでしょ。

伝わっていますよね。

そして、販促物のキャッチコピーに困ったら、
「ターゲットに呼びかける」

という手法があります。
あなたのお客さまに呼びかけてみましょう。

ターゲットに呼びかけるキャッチコピー。
あなたも一度や二度見たことがあると思います。こんな感じです。

「今すぐやせたい方へ」
「売上をあげたい経営者の方へ」
「○○新聞の読者の方へ」
「英語が苦手な方へ」
「温泉をゆっくり楽しみたい方へ」

具体的に、あなたの商品がどういう人向けなのか？
ターゲットを明確にして、その人に呼びかけてみる。

朝日新聞ご愛読者の皆様へ
役立つ情報満載！　講座の詳しい案内資料を無料でさしあげます。

これは通信講座の会社の新聞折込チラシです。

そのチラシが入っている新聞の読者だけに呼びかけています。

ただ「ご愛読者の皆様へ」ではなく、「朝日新聞ご愛読者の皆様へ」と呼びかけているんです。

ここがポイントです。

通信講座っていうのは、不特定多数の消費者がターゲットですよね。

宅建取引や気象予報士などの資格を取るための講座や、書道や絵手紙などの趣味、英会話や手話などの実用講座……とにかく、たくさんの商品です。

つまり、ターゲットが幅広いってこと。

こんなに幅広いターゲットの場合でも、このチラシは、せまく設定していますよね。

どうしてかっていうと、販促物のターゲットをせまく設定したほうが、反応がよくなるからなんです。

そのほうが伝わりやすくなるんですね。

僕のマーケティング実践塾に参加されていた観光ホテルの女将さんの話です。

ある宿泊の商品、それまで「ひとり旅プラン」として、ネットなどで売っていました。

そのときには、ひと月に二、三人のお客さましか利用がなかったんです。

これを「女性のひとり旅プラン」にしたところ、ひと月六〇人以上になったんです。反応がよくなった。

「ひとり旅」より「女性のひとり旅」のほうが、ターゲットがせまいですよね。

そういうことです。

あなたの販促物のターゲットをせまく設定してみましょう。

たとえば顔の見えない不特定多数ではなく、「女性」をターゲットにしてみる。

さらに、「三〇代の女性」。

さらに、「三〇代の主婦」。

さらに、「二〇代主婦で仕事を探している人」。
さらに……。
というふうに、なるべくせまくしていくのです。
せまいほうが、あなたのお客さまに届きやすくなります。
つまり、伝わりやすくなるってことです。

ターゲットに呼びかけよう。
ターゲットはできる限りせまく設定しよう。

●●●お客さまにどうしてほしいのかを明確に

お客さまはあなたが思っているほど、あなたのことを理解してくれていません。
このことを認識しましょう。

だから丁寧にわかりやすくしてあげなければならないってことです。

新聞広告や折込チラシを見ていると、
「どうしてほしいんだ～？」
と思わずつぶやいてしまうものが多くあります。
キャッチコピーもなかなかよくて、目を引いた。
商品の内容もよくわかった。それなのに……。
さて、それでどうしてほしいの？

これでは、反応悪いわけですよ。
売れませんよ。

来店してほしいのか？
資料請求してほしいのか？
通販で買ってほしいのか？

それがよくわからない販促物が多い。

もし電話で資料請求してほしいのなら、そうつくらなければならないのです。
これはどういうことかというと、電話番号は大きくわかりやすく書くこと。

「資料請求：03－○○○○－○○○○」と大きく書くんです。
キャッチコピーと同じ大きさでもいいくらいです。

さらに「資料請求」の部分。
「資料請求」だけだと、反応がよくならないんです。
「資料請求はここ：03－○○○○－○○○○」

さらによくするには、
「資料請求は今すぐ！：03－○○○○－○○○○」

さらにさらによくするには、

「資料請求は、今すぐお電話ください：03－○○○○－○○○○」

どういうふうに資料請求をするのかを、なるべく具体的に指示しなければならないのです。

僕のかかわっている子供写真館のチラシでは、電話で予約をしてもらうのが目的ですから、電話番号を大きく書いています。そして電話番号のすぐ上に、

「今すぐ！『チラシを見ました』とお電話ください。」

と書いているんですね。

電話でどういうふうにいえばいいかも指示しているのです。

電話したいのに、どういうふうに電話したらいいかがわからない人ってけっこういるんです。

そういう人は、わからないから、電話をやめちゃうことだってある。

わかりやすくしてあげることで、かなりの反応のちがいが出てくるのです。

お客さまにどうしてほしいのか？　これを明確にしましょう。
それができていないと、どんなことをやっても売れないのです。

販促物の目標を決めよう。お客さまにどうしてほしいのかを明確にしよう。

「知っていましたか？」作戦

業界の常識にとらわれていると、売れる商品も売れなくなることってあるんですね。
常識が邪魔をして、販促物も反応が悪くなっちゃうってことです。

愛知県の岡崎市に、「一心堂印房」というハンコ屋さんがあります。
岡崎市を中心に七店舗を展開しています。

ここの折込チラシ、今までの業界の常識にとらわれない方法で成功しました。前の年と比べると一三五％の売上アップです。

こういうチラシです。

知っていましたか？

「実印」は親から子へ贈る物なのです。

あるお客さまから聞いたお話です。

「二〇歳になったお祝いに、父から実印をプレゼントされました。

今でも大切に使っています。

人生の節目、節目で実印を押すたびに、

『人に迷惑をかけるな、自分に責任を持て！』という父の言葉を思い出し、
身が引き締まります」
思い出の品はこんなにも親子の絆を深めてくれるんですね。
私たちはお客さまの「大切な日」のお手伝いをしています。

その横には、ちょっとほのぼのとしたイラストが描いてある。

この折込チラシ、反応がよかったんです。

まず、キャッチコピーがいいですよね。

「知っていましたか？」


人間は知らないことに興味があるってことです。

だから「知っていましたか？」というキャッチコピーは目を引くんです。

お友達とかでいませんか？　会うなり、「ねぇ、知ってる？　知ってる？」っていう人。そういう人の話はとりあえず聞きますよね。

「知ってる？」って聞かれたら、「何だろうな？」と思うのが人間心理なんです。だから、こういうコトバは反応がよくなるんですね。

他には「ご存じでしたか？」とか「覚えていますか？」とか、こういうコトバは反応がよくなります。

知らないこと、新しい情報、人はそういうものに関心があるんです。

「一心堂印房」のチラシ、キャッチコピーも優れているんですが、すごいのは「業界の常識」に縛られていないってことです。

「一心堂印房」の神道邦男社長、とっても勉強家なんです。たくさん本も読んでいるし、セミナーにもたくさん出席している。

とっても勉強熱心。

僕の主催するエクスペリエンス・マーケティング実践塾にも来ていました。

印章の価値をどういうふうにお客さまに伝えるか、日々考えています。

普通ハンコ屋さんっていうのは、厳しい安売り競争に巻き込まれているところが多いんですね。

従来の印章屋さんのチラシっていうのは、ハンコがずら〜っと並んでいるタイプのものが多い。定価が書いてあって、それに大きくバツがしてあり、そのあとに大きく特価の金額が書いてある。

安さだけしか訴求していないんですね。

結果、印章という「モノ」しか売っていない。

僕が提唱しているエクスペリエンス・マーケティングは、「モノ」ではなくそれを買ったお客さまが、どういう「体験」を手に入れるのか？　という視点で考えるというもの。

「モノ」よりも「コト」が大切。
「モノ」よりも「意味」が大切。

そういう視点で考えるマーケティング手法です。

神道社長、考えました。

「私が売っている実印は、モノとして売っていてはいけないな」

それで、この「知っていましたか？」チラシをつくったんですね。

「実印」を「実印」として売っていたら、競争も激しくなります。

結果、不毛な安売り競争に巻き込まれる可能性が大きくなる。

でも「実印」を「モノ」ではなく、「親と子の絆」という「コト」にして訴求したわけです。

神道社長といえども、このチラシをつくるのは、最初とても勇気が必要だったそうです。

だってこんなチラシ、業界の常識で考えたら、とんでもないわけですよ。

だから、最初はチラシで展開したんじゃなかったんです。店内のＰＯＰだったんです。

七店舗の実印売り場に「知っていました？」というＰＯＰをつけたんです。

すると、ある店舗で、そのＰＯＰをじっと見つめて涙ぐんでいるご婦人がいたそうです。そして、

「やっぱりあたしが買ってあげなきゃね～」

といって、実印のセットを買ってくれたそうです。

値引きなしで、定価で買ってくれたんです。

そのご婦人の娘さんが、今度学校を卒業して、社会人になるところだったそうです。

この話を聞いた社長、「よ～し！　やっぱりそうだ！」ということで、チラシを展開したんですね。

このように、同じ商品を売っていたとしても、コトバの使い方で、まったく意味合いがちがうものになるのです。

実印を売っているのではなく、家族の絆を強くするためのお手伝いをしている、ってことです。

これは商品の「カテゴリー」が変わったってことなんです。
競争が排除された。

実印を実印という商品で売っていると、他の店との競争が起こる。
最終的には、価格競争に陥りがちなんです。
でも実印を家族の絆という意味で売ると、他との競争はしなくていいわけです。

たとえば、とっても売れた有名な商品で「塗るつけまつげ」というのがあります。
イミュ株式会社の「デジャヴュ・ファイバーウィッグ」っていう商品。

「マスカラじゃない、これは塗るつけまつげ。」

そういうキャッチコピーで売り出しました。
うまいな～って思いました。
たしかにまつげを固めるセンイが、従来のマスカラの二倍含まれていて、長いまつげを実現することができる製品なんですけど、マスカラというカテゴリーに参入しなかったことが、ヒットの要因のひとつであったことは、まちがいありません。

同じマスカラというカテゴリーで競争すると、激しい競争をしなければならない。

でも「塗るつけまつげ」だと、競争の排除が起こるわけです。


売上を伸ばすためには、あなたの業界の常識を一度疑ってかかりましょう。

当然だと思われていることを、そう思わないで、もう一度素人の視点で眺めてみてください。

何か気づくことがあるかもしれませんよ。


消費者は新しい情報には関心がある。自分の商品のカテゴリーを変えて、考えてみよう。

第4章

ファックスDMは面白くてストーリーのあるコトバで！

成果100％のファックスDM

最近は講演の仕事が多くなってきましたが、講演をしていて、

「これはっ！　すごい！」

という販促物に出会ったことがあります。

これを見たときには、僕も「目からウロコ」でした。

そして、その販促の方法を、いろんなところで話したんですね。

すると、僕の弟子やセミナーを聞いていた人で、その販促方法を真似して実施する人が続出したんです。

さらに、驚くべきことに、そのすべてに成果が出ている。

100％です！

そういう販促方法です。

知りたいでしょ？

これは「ファックスＤＭ」なんです。

でもこの方法、ターゲットがかなり限定される。

会員とか、メンバーとか、すでにあなたのことを知っている人たちがターゲットになる。


自動車整備業の会社が加盟しているロータス同友会という団体に招かれて講演をしました。ロータス同友会埼玉支部の例会です。

この団体の埼玉支部の例会担当が、福田自動車工業株式会社の福田裕明社長。

彼がロータスの例会で考えた方法なんです。


二月一二日が講演本番。

通常はひと月前に、案内のファックスを送るそうです。

具体的には、一月一二日ごろですよね。

「ロータス埼玉二月例会のご案内」っていう、普通のＡ４サイズのファックスです。

それには日付と、講演の内容、講師のプロフィール。

「でも、どうしても、たくさんのメンバーに藤村さんの話を聞かせたいんです。今までの案内じゃ反応が悪いから、こんなのをつくってみました」

福田さんが考えたファックスの案内。

これがとってもユニーク。

そして、とっても効果があったんです。

まず一月九日に、会員にファックスが届きます。こういう内容。

手帳を開いてください!!

二月一二日（木）に

”例会“と記入してください！

ここまで、Ａ４サイズに横組みで、大きく書いてあります。続けて……。

ユースケ・サンタマリアが女性に殴られて、高いところから落ちてしまうＣＭ、覚えていますか？　恋人の誕生日に、

「今日は居酒屋でいい？」と、聞く男。

「あたしの誕生日なのにぃ～！」と女性が男を殴り、彼は東京タワーのようなところから落とされてしまう、あのコンビニローンのＣＭです。ユースケさんが女ごころのわからな

い冴えない男を好演しました。
「こういう男性ばかりだからモノが売れない！」

←

どうして!?

本文はここで終わっているんですね。紙の右下に、例会の情報が書いてある。

同友各位

全日本ロータス同友会埼玉支部
支部長　吉田　実

●二月度支部例会●

平成一六年二月一二日（木）　一五時～

第一部　講演会　　講師　藤村　正宏　氏

第二部　秋のキャンペーン表彰式

会場　あいおい損保さいたまビル

担当　経営教育委員長　福田　裕明

―◆―

これだけ。

かなり意味不明ですよね。

それも一カ月以上も前、まだ正月気分が抜けきっていないときにです。

そして次のファックスは、四日後、一月一三日に届きます。次のような内容。

もう手帳にご記入されましたか⁉

二月一二日（木）ですよ⁉

”例会の日です！“

ある行政が収益事業のために、ランニングコストのかからない「観覧車」の事業を行いました。しかし立地条件もいいのにもかかわらず、一年後にはその事業から撤退しました⁉

←

これって　どうして　!?

←

みなさん　観覧車は何の目的で乗りますか!?

（そして、前回同様に例会の情報）

―◆―

今回もまた、意味不明。

さらにさらに、それから一〇日後、一月二三日に三回目のファックスが届くんですね。

こんな内容です。

しつこくて　すみません！

二月一二日（木）です！

〝例会の日です！〟

東京ディズニーランドのトイレに鏡がないのはご存じですか？

ホステスさんのいるクラブでは、トイレに立って席へ戻ると、おしぼりを渡されませんか？

↓

このふたつの例に共通の目的があるって

おわかりでしょうか⁉


なんだか謎かけみたいなファックスです。

でも、このディズニーランドの鏡のこととか、前回の観覧車のこと、最初のファックスのユースケさんのことなどは、すべて僕の著書に出ている事例なんです。

さらにさらに、またまたファックスが届く。四回目、一月二九日のことです。その内容。

貴方は二週間後何をされてますか？

二月一二日（木）です！

”例会の日です！“

「モノ」ではなく「○○」が大切です
「商品の機能や便益」ではなく「商品の○○」を提案しましょう
「ライフ」ではなく「ライフ○○○○」を提案しましょう

↓

これが今回の例会キーワードです⁉

↓

答えは例会にて……！

―◆―

また謎を残したまま、終わるんです。
さらにさらに、驚いたことに、例会の二日前、二月一〇日にこういうファックスが届きます。

わたくし不安です？

皆様こんにちは。日常業務にロータス活動にご活躍にとお忙しい中、ここまで四回にわたってFAXを流さしていただき、大変ご迷惑をおかけしたこととお詫び申し上げます。これもひとえに、経営教育委員会が例会を担当させていただくにあたり、ぜひ多くの方々にご出席をしていただきたくこのような方法で告知をさせていただきました。

さて私もこの業界でやっと一〇年目を迎えることができました。数多くの同友メンバーの皆様からご指導いただき、やってくることができました。しかしご承知の通り未だ見えぬ経済の中、さらに二〇〇五年の規制問題等含め、どのように進むべきでしょうか。

本当に先行き不安です。こんな時こそロータスでもっと議論したり、勉強したいものです。

今例会は直接何をどうするかということではなくて、現状の商売を違う角度から見直し、それを個々でどう活用するかのヒントを与えてくれる九〇分だと思っております。ぜひ多くの方に聞いていただき、共に時代変化に伴う業態変化を考えていきましょう。

そのためにも多くのメンバーに参加していただけませんと、さらに**わたくし、寂しいです。**どうぞご出席のほどよろしくお願いします。

ロータス同友会埼玉支部
経営教育委員長　福田裕明

ファックス案内、その回数、驚くべきことに五回。

でも、結果、出席率がとてもよかったんです。

通常の例会の二倍以上の出席。

いつもは見かけない人も出席したそうです。

「あれだけしつこくファックスが来たから出席しちゃったよ!!」とか、

「ファックスとても楽しかったよ」とか、

「あんなファックス案内見たことない!!」

などなど多くの声をもらったそうです。


みごとです！

謎をかけて、興味を引く。そして、接触の回数を増やす。

けっこう効果があることは、容易に想像できますよね。

そして誰でもすぐに参考にして、実施できます。


ファックスDM成功の秘訣は、まずは謎をかけて興味を引くことにあり。

「ストーカーFAX」でお客さまの肩を押す

僕がこの福田さんのファックスをセミナーで紹介したところ、たくさんの人が同じコンセプトで実施して、成功しています。

エクスペリエンス・マーケティング実践塾に参加していた、大阪の写真館の社長、岡本昇さん（ニックネームは「キング」です）がすぐに応用してみました。

岡本さんは写真館業界では、知らない人はいないというくらい有名な人です。

大阪写真家協会の講演会。

通常は一カ月前に、協会から案内のファックスが各会員に届くんです。Ａ４サイズで二枚の、普通のよくある案内ファックスです。

キングこと岡本さん、自分はその担当ではなかったんですが、その講演会でお話しする方がお友達だったんですね。仙台の阿部写真館の阿部貴彦さん。

だから、参加人数が気になっていた。

案内を出してから三週間がたったころ、事務局に尋ねたんです。

「現在参加者はどれくらいですか？」


すると参加者が一八名。会場の定員は五〇名です。

少なすぎる……。

これだとせっかく話してくれる阿部さんに申し訳ない。

そう思ったんです。

そのとき、あの福田さんのファックス作戦を思い出したんですね。

講演会まで、あと一週間。さっそく実施しました。

まずちょうど一週間前の月曜日に、次のページのようなファックスを送りました。

(協)大阪写真家協会　tel 06-[redacted]　理事長 [redacted]

えっ！？　知らなかった？

今すぐ予定表を開いて下さい。

１０月２４日、来週の月曜日です。

セミナーと記入して下さい。

３年前にフジＳ２プロでフルデジタル化に成功！
どうやって？　どうやって成功したん？

今年、女性が行きたくなるスタジオにリニューアル！
行きたくなる？　どんなんやのん？

チラシを１枚も配布してないのに予約電話が鳴りっぱなし！
なんで？　なんでやねん？

カリスマ マーケッター藤村正宏氏の異業種を対象にしたマーケティングセミナーで、子ども写真館に負けることなく独自化に成功した写真館として大きく取り上げられました。
うっそ～！すごい！！　「独自化」って何？

講師プロフィール

阿部　貴彦氏

（株）阿部写真館　宮城県仙台市

1966年　仙台市生まれ
1984年東京工芸短期大学入学
1986年　愛知県かつみ写真館
　　　　滝不二樹氏に師事
1989年　㈱阿部写真館　勤務

㈱阿部写真館　専務取締役
宮城県営業写真家協会
青年部　部長

答えは全て２４日のセミナーで！！！

日時　１０月２４日(月)　午後２時－５時　受付１時３０分から
場所　富士写真フイルム（株）大阪支社　電話06-[redacted]　御堂筋線本町駅下車１番出口
協賛　富士フイルムイメージング（株）大阪支社

申込書

セミナーのみ出席(　　人)　懇親会と両方出席(　　人)

写真館名　　　　電話番号　　　　都道府県
お名前

会員・家族・従業員 3,000円　他府県、会員外5,000円　懇親会費 5,000円

満員にならないうちに今すぐ座席の確保を！

お申し込みはカンタン！　今すぐ記入してFAXするだけ！

FAX０６－[redacted]　２４時間受付

お問い合わせは（協）大阪写真家協会　事業委員長 [redacted] 06-[redacted] 迄

そして、水曜日に次のようなファックスを。

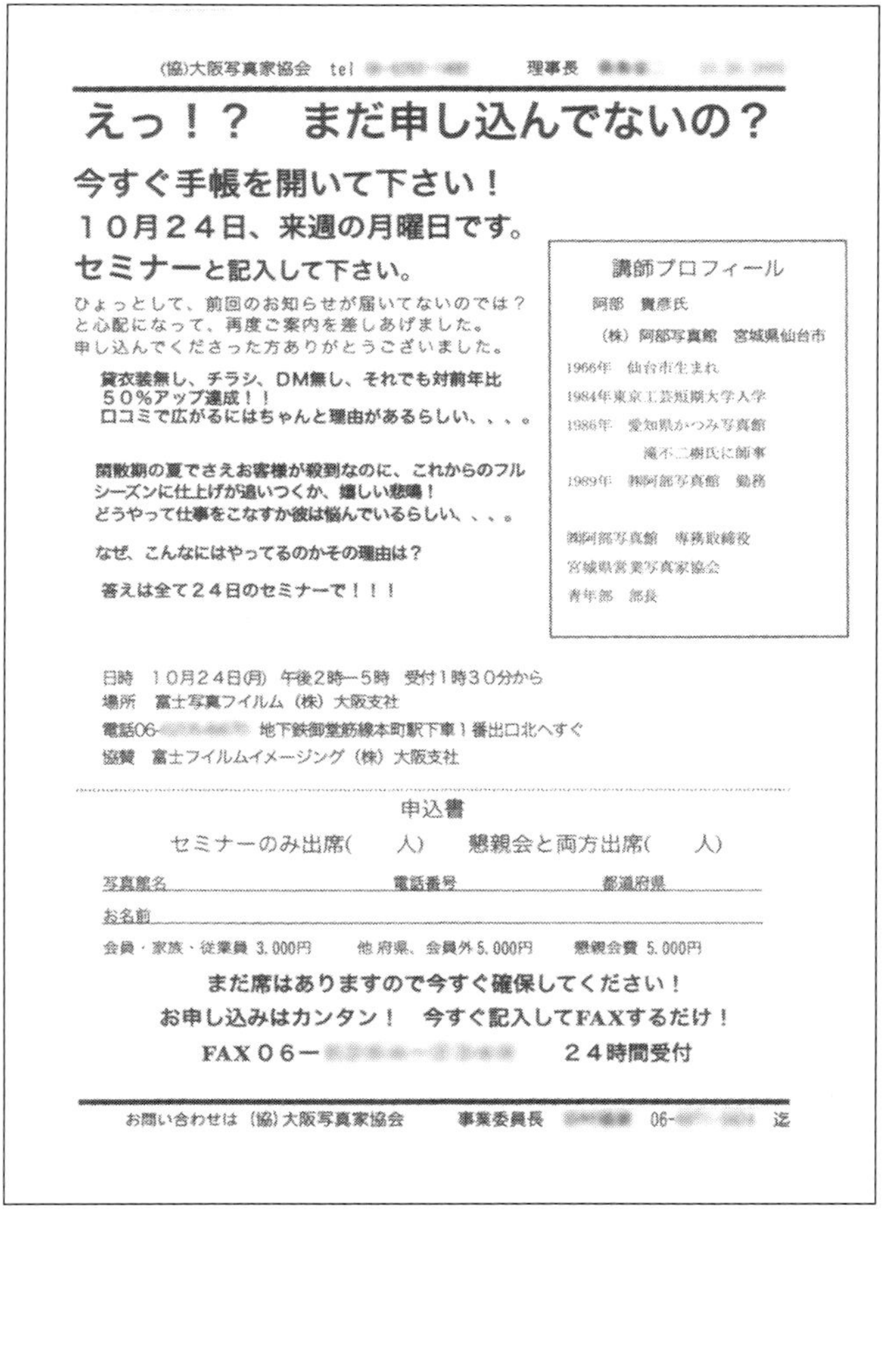

(協)大阪写真家協会　tel　　理事長

えっ！？　まだ申し込んでないの？

今すぐ手帳を開いて下さい！
１０月２４日、来週の月曜日です。
セミナーと記入して下さい。

ひょっとして、前回のお知らせが届いてないのでは？
と心配になって、再度ご案内を差しあげました。
申し込んでくださった方ありがとうございました。

貸衣装無し、チラシ、ＤＭ無し、それでも対前年比
５０％アップ達成！！
口コミで広がるにはちゃんと理由があるらしい、、、。

閑散期の夏でさえお客様が殺到なのに、これからのフル
シーズンに仕上げが追いつくか、嬉しい悲鳴！
どうやって仕事をこなすか彼は悩んでいるらしい、、、。

なぜ、こんなにはやってるのかその理由は？

答えは全て２４日のセミナーで！！！

講師プロフィール
阿部　賢彦氏
（株）阿部写真館　宮城県仙台市
1966年　仙台市生まれ
1984年東京工芸短期大学入学
1986年　愛知県かつみ写真館
　　　　滝不二樹氏に師事
1989年　㈱阿部写真館　勤務

㈱阿部写真館　専務取締役
宮城県営業写真家協会
青年部　部長

日時　１０月２４日(月)　午後2時ー5時　受付1時３０分から
場所　富士写真フイルム（株）大阪支社
電話06-　地下鉄御堂筋線本町駅下車１番出口北へすぐ
協賛　富士フイルムイメージング（株）大阪支社

申込書
セミナーのみ出席(　　人)　　懇親会と両方出席(　　人)
写真館名　　電話番号　　都道府県
お名前
会員・家族・従業員 3,000円　　他府県、会員外5,000円　　懇親会費 5,000円

まだ席はありますので今すぐ確保してください！
お申し込みはカンタン！　今すぐ記入してFAXするだけ！
FAX０６ー　　２４時間受付

お問い合わせは（協）大阪写真家協会　事業委員長　06-　迄

さらにダメ押しを金曜日に実施。

(協)大阪写真家協会　tel 06-[redacted]　　理事長 [redacted]

いよいよ３日後ですよ！

忙しいのは分かっていますが、３時間だけあなたの時間を投資しませんか？

このセミナーを受講すれば、あなたとお店に大きな変化が起こるはず！

あなたの大事なfax用紙何度も使用してごめんなさい。ちょっとしつこいかと思いましたが、又ご案内出してしまいました。本当に値打ちあるセミナーなので、一人でも多くの人に受講してもらいたくって、。申し込まれた方ありがとうございました。

講師プロフィール

阿部　貴彦氏

（株）阿部写真館　宮城県仙台市

1966年　仙台市生まれ

1984年東京工芸短期大学入学

1986年　愛知県かつみ写真館

瀧本二樹氏に師事

1989年　㈱阿部写真館　勤務

㈱阿部写真館　専務取締役

宮城県営業写真家協会

青年部　部長

阿部写真館ホームページ毎月２０００件のアクセス！アクセスした人は必ず阿部写真館でしか撮れないと思ってしまうらしい、、、。

阿部氏がこの半年で読んだビジネス書はなんと６０冊！その中で特におすすめの書籍をセミナーで教えてくれるらしい、、、。

答えは全て２４日のセミナーで！！！

日時　１０月２４日(月)　午後２時〜５時　受付１時３０分から

場所　富士写真フイルム（株）大阪支社　電話06-[redacted]　御堂筋線本町駅下車１番出口

協賛　富士フイルムイメージング（株）大阪支社

申込書

セミナーのみ出席(　　人)　懇親会と両方出席(　　人)

写真館名　　　　電話番号　　　　都道府県

お名前

会員・家族・従業員 3.000円　　他府県、会員外 5.000円　　懇親会費 5.000円

キャンセルが出ましたので、まだ若干席があります！

参加したい方、直ちに席を確保です！

お申し込みはカンタン！　今すぐ記入してFAXするだけ！

FAX ０６－[redacted]　　２４時間受付

お問い合わせは（協）大阪写真家協会　事業委員長 [redacted]　06-[redacted]　迄

こうして一週間のファックス作戦をやりました。どういう結果だったか？
まず月曜日に出したファックスで、いきなり二五名の申し込み。
水曜はいまいち反応が悪く、一名。
金曜日のダメ押しで、一〇名。
なんと一週間で、三六名が参加してくれることになったのです。
事務局の普通のファックス、三週間で集めた数の、ちょうど二倍です。
結局、講演会参加者五四名。目標人数を上回ったんです。

効果あるでしょ〜。

やっぱり一回よりも多数の接触回数が重要ですよね。
忘れている人や見ていない人って必ずいますからね。そういう人に気づいてもらう。
あるいは迷っている人もいますよね。そういう人の肩を押して、決断させてあげる。
しつこくならないように、面白い内容にして、読ませる工夫が大切ですけど。

岡本さんがいっていました。

「ストーカーみたいなファックスだったな〜、っていわれたんですよ」

それで、この手法のファックスＤＭを命名しました！


「ストーカーＦＡＸ」


その後、このストーカーＦＡＸは、さまざまなところで実施され、成果が出ています。

名古屋の僕の弟子、株式会社杉浦林産の杉浦清貴さんが「ガス展」の集客で成功。

千葉県柏市の商工会議所青年部が、講演会に使って成功。

次々とうれしい報告が届いています。

あなたもぜひ行動してください。

販促物、お客さまとの接触回数はとても重要。次を読ませるための工夫・面白さ・ストーリーがあるか？

第5章

アンケートのコトバを
工夫して**お客さまの**
声を集めよう！

「お客さまの声」をキャッチコピーに使う

コピーに困ったら、キャッチコピーに悩んだら、お客さまの声が使えないかどうか、考えてみてください。

お客さまの声はとっても効果があります。

前述した、北海道阿寒湖の観光ホテル、鶴雅の反応がよかった冬のチラシ。

「鶴雅は冬がいい。」

このコピーは「お客さまアンケート」がヒントになっています。

さらに、チラシの中を開くと、冬の鶴雅を楽しむ「読本」という形になっています。

冬を満喫する鶴雅の遊び方　①

ゆかたでワインを愉しむ
「ソムリエおすすめのワイン、美味でした。ゆかたで愉しめるのもいいですね」

冬を満喫する鶴雅の遊び方 ②
湯めぐりで遊ぶ
「阿寒の冬景色を眺めながらの朝の露天風呂。最高の気分でした」

冬を満喫する鶴雅の遊び方 ③
ギャラリーで寛ぐ
「ギャラリー、なかなか良い所ですね、久しぶりにゆっくり本を読みました」

冬を満喫する鶴雅の遊び方 ④
思いのままに憩う
「ピアノの生演奏が聴けるラウンジが無料とは驚きました」

そして、それぞれの詳しい説明がついています（2ページ参照）。

キャッチコピーはアンケートから考えたものです。


価値を伝えるために、お客さまの声は、伝わりやすいんです。

それを読んでいる人が想像しやすいからなんですね。


それにお客さまの声というのは、自分では気づかない価値を気づかせてくれることもあります。


鶴雅でいえば、ラウンジの生演奏。

お客さまにゆっくりとした時間を過ごしていただこうと、もてなしでやっていることなんです。だから、やっているほうはお金をいただこうなんて思ってもいないわけです。

でも、そのすばらしいピアノの生演奏が「無料」だということが、お客さまにとっては価値になっている。

気づかない価値に気づかせてくれたわけです。

あなたの商品を買ったお客さまが、どういう感想を持ったか？
あなたのサービスを受けたお客さまが、どういう体験をしたか？
キャッチコピーや販促物を考えるときに、この視点はとても有効なのです。

あなたの販促物に、お客さまの声を掲載しよう。お客さまのよろこびの声を。

アンケートは強要しない

お客さまの声を獲得するのに、一番の方法はアンケートです。
ただし、お客さまが書いてくれたらっていう条件つきです。

自分がお客さまになったときのことを想像してみてください。

アンケート書きます?

家人が好きなファミレスがあるんです。

ファミレスにしては、けっこういい雰囲気の店作りだし、美味しいパンが名物だし、いいんですよ。僕もときどき行きます。

しかしながら、食事が終わった後、必ずアンケートを書かされるんです（書かされるっていう表現は、いかがなものか?）。

店側としては、そういう意図はないんですよ（たぶん）。

書いても書かなくってもいいんです。

「よろしかったら、アンケートをお願いします」

って、アンケート用紙を置いていくわけですから。

「よろしかったら」ですからね。

でもなんか書かなきゃって、強迫観念になる。

そしてそのアンケートがとても面倒なんです。

何回目の来店ですか？

誰といらっしゃいましたか？

料理の味はどうでしたか？

（とても満足・満足・普通・やや不満・とても不満から選ぶ）

接客はどうでしたか？

料理の出てくるタイミングは？　盛り付けは？　雰囲気は？　……まだまだたくさん……。

家族構成を聞かれたり、記念日を聞かれたり、もちろん住所も……。


書きたくなきゃ、書かなければいいんでしょうけどね。

本当にあれは、けっこうつらい。

リピーターになっていたんですけど、最近ではあのアンケートがイヤで、行くのをやめています。とってもいいレストランなのに、もったいない。


書きやすくしなければ書いてもらえないってことです。

見た瞬間に面倒に思うようなアンケート用紙は書いてもらえないんですね。

だからとってもカンタンにつくらなければなりません。


さらに、強要しない。

食事が終わった後に、アンケート用紙を人数分持ってきて、「よろしかったらアンケートをお願いします」っていわれてもねぇ。たしかに回収率はいいでしょうけどね。


今までの食事が「台無し」って感じでしょ。

せっかく美味しい食事をして、コーヒーとデザートを楽しんでいるのに、めんどくさいアンケートを書くなんて時間、イヤですよね。

どうしてわからないかなぁ。

こんなことやっているから、客を逃がしちゃうんです。

カンタンに書きやすいアンケート用紙をつくる。

「アンケート」や「お客さまの声」は強要しない。

書いてもらえるアンケート用紙

書きやすいアンケート用紙っていうのはどういうアンケートでしょう。

ウェイトレスが食後に、「アンケートをお願いします」と持ってこなくても、書きたくなるようなアンケートです。

お客さまが自主的に書きたくなるアンケートですよね。

そんなのできるの？

大丈夫！　できるんです！

エクスペリエンス・マーケティングだったら可能なんです。

たとえば……。

観光地の温泉旅館などに行くと、よくお部屋にアンケート用紙が置いてありますよね。

そういうアンケート書いたことありますか？

僕はほとんどありません。面倒ですからね。


今度、温泉旅館に行く機会があったらアンケート用紙を見てください。

たいていの場合、

「お客さまの声をお聞かせください」

というふうに書いてあります。


まず、この書き方がダメなんですね。

こういう問いかけをするから書いてもらえないんです。


「お客さまの声をお聞かせください」――もう使い古されたコトバです。

記号になっている。

だから伝わらない。

そして、こういうアンケート用紙は、面倒な構造になっている場合が多い。
前述したファミレスのように、

お部屋はどうでしたか？
料理はどうでしたか？
お風呂は、施設は、接客は……。

面倒なんです。

書こうと思っても、書きたくなくなる。

よほどすばらしい特典があるのなら別ですけど、割引のダイレクトメールが来るくらいの特典だったら、書く気がしませんよね。
百歩譲って書いてくれたとしても、「お客さまの声をお聞かせください」って聞くと、書くほうは「あ、この会社はクレームを聞きたがっているんだ」という意識になって、クレームを探して書く人が出てくる。

そうなったら、悲惨ですよ。

意味のないクレームにひっぱりまわされ、従業員のモチベーションを下げ、経営に悪い影響が出てくることもある。

ほとんど意味のないアンケートになっている。

問いかけが悪いんです。


じゃあ、どういう問いかけをすればいいか？


とても成功したアンケート用紙があります。

僕のマーケティング塾に参加されていた、信州白馬の観光ホテル「五龍館」の女将さん、中村ゆかりさん。

お部屋に置いている、アンケート用紙を変えたんです。

それまでは書いてくれるお客さまは一〇〇人に一人くらいだった。一％です。

それが、アンケート用紙を変えたらなんと！

一二％以上になったんです。

そのアンケート用紙。

普通のはがきサイズの黄色い紙です。

紙の厚さは、やっぱりはがきのようなちょっと厚めの紙。

最初のところには「お客さまの声をお聞かせください」なんてコトバ、書いていません。

いきなりこう書いています（4ページ参照）。

「一五年前はよく泣いていました。

五龍館に嫁いで一五年になります。中村ゆかりです。」

これが題名です。

それに続けて、

「旅館という環境、田舎のお付合いに戸惑い、本当にメソメソしていました。

今では白馬の景色、風、旨い水、そしてここに住む人、仲間が好きです。
何よりも皆様の笑顔が大好き。楽しそうだなぁと思うと私も楽しくて幸せになります。
いつも励まして下さる家族や友人のようなお客様も多くて私の宝物です。
これからも、お客様と一緒に笑っている宿と私で居たいと思います。」

そして、

「是非、皆様の感想やメッセージをお教え下さい。」

感想、メッセージを書く大きな余白があります。
そして、最後に、

「ありがとうございました。
皆様に良いことが雪崩れのように起きますように。」

そして、どうしたらいいかが、しっかりと書いてあります。

「お手数ですが、フロント横の抽選箱に入れてください。」

裏側は、「五龍館の味が当たる抽選券」になっています。

これによって、データを集めるわけです。

泊まった部屋や、日時を書いてもらうようになっていますが、住所と氏名を獲得することが大きな目的ですね。

このアンケート用紙に変えてから、一二％の回収率ですよ。

たしかに書きたくなる、というよりも応援したくなる、そういう書き方ですよね。

中村さんに聞きましたが、ほとんどが「接客が温かくてとってもよかった」とか、「料理がすばらしかった」とかのお褒めのコトバだそうです。

それと、応援のメッセージ。当然、クレームはほとんどありません。

クレームを書きにくいアンケートですよね。

中村ゆかりさんのこのアンケート。

とっても効果があったんです。

「最初は自分のためにやっていたんですよ」と、中村さんがいいました。

「でも、今になってみると、スタッフのみんなのモチベーションアップにもなったんです」


旅館の女将さんという職業は、大変な仕事ですよね。旅館の顔ですからね。

日々、女将さんをやっていると、時々、個人としての「中村ゆかり」を忘れてしまうんですって。

「ワタシはどうして旅館の女将をやっているのだろう……?」

そういう疑問が頭に浮かんでくることがあるそうです。

そういうとき、お客さまの熱いメッセージやよろこびの声、応援が、とっても力になったそうです。

その元気の素をいただこうと、こういうアンケートに変えたんです。

そうすると、回収率がいい。

お客さまは、チェックアウトをするときに、フロント横の抽選ボックスに入れてくれるわけです。

そのうち、従業員のみんなが、このお客さまの声を楽しみにするようになったんですね。

チェックアウト時間が終わると同時に、みんなアンケートの入ったボックスに殺到。

「あ、これワタシのことだわ」
「これ、誰のことかしら」

お客さま担当のスタッフはもちろん、厨房で料理をつくっているスタッフまで、このお客さまの声を楽しみにするようになった。スタッフのモチベーションが高くなって、活躍するようになったんです。

とってもいいでしょ。

さらに、前章で紹介したカリスマフォトグラファーのキングこと、岡本昇さんのアンケート用紙。

これもすばらしい！

「幸せメッセージ」

というアンケート用紙です。

その年一年間のあいだに、岡本スタジオで写真を撮ってくださったお客さまに、お手紙を書いて、お客さまのよろこびの声を集めたんです。

A４サイズの用紙で、こういう文面です。

ありがとうございました

お写真の仕上がりはいかがでしたか？

幸せを感じる「瞬間」そこにはいつも写真がある

今年当店で撮影をしてくださったあなた様に感謝！

わたしは、写真を撮りながらいつも感じる事があります。
撮影に来店される皆様が本当に幸せ一杯で、カメラのレンズ越しに幸せが飛び込んできます。

「幸せのおすそわけ」

写真にはそんな力があるんじゃないかなと、最近痛切に感じます。
子供の虐待など暗いニュースが目立つ昨今ですが、あなた様の写真を見ていると別世界での出来事の様に感じます。

そこで是非あなた様にお願いがあります。
当店に撮影に来られたきっかけや、エピソードなどお聞かせ願えないでしょうか？
お写真とともに当社のホームページやご案内でお知らせし、写真の楽しみ方をより多くの方にお伝えしたいと思います。

日本中に幸せのおすそわけをして頂けませんか?

（株）岡本スタジオ　オーナーフォトグラファー　岡本　昇

〈裏面〉

あなたの幸せメッセージをお聞かせ下さい

（株）岡本スタジオで「撮影しようと思われたきっかけ」「撮影にまつわるエピソード」

出来上がりの写真を見ながら、ご家族やご親戚、ご友人とどのように楽しんでいただいているかなど、写真にまつわる**幸せメッセージ**をお聞かせ下さい。

お客さまからの幸せメッセージが私たちの元気の素になります!

この結果、とても感動的なメッセージがたくさん届きました。

もちろん、クレームはなし。

「幸せメッセージ」を聞かせてください、という問いかけなんですから、当然ですよね。

スタッフのモチベーションもアップ。

とてもいい影響があるんです。


本当にお客さまが喜んでくれるってこと、これが商売をする理由なんですよね。

お客さまがよろこんでくれると、うれしいですよね。

この「うれしさ」が、商売の基本です。


アンケート用紙は、個人の顔が見えるように。お客さまに出す、あなたのお手紙だと思おう。

お客さまからのクレームはいらない

クレームがほとんどこないアンケート用紙をつくる大切さ、伝わっていますでしょうか？

と、ここまで読んだ、そこの社長。
ちょっとおかしいなって思ってます？

社長「そうそう、だって、クレームだって必要だろ？」
藤村**「クレームなんて聞かなくていいんですよ」**
社長「何をいっているんだ！　クレームはお客さまからのラブレターだろ？」
藤村「そうやって、従業員のモチベーションを下げているんですね」
社長「下げてはいない。それとこれとは話は別だろ」
藤村「話は同じなんですよ。クレームは聞かないほうがいいんです」
社長「だってクレームを聞かないと、問題解決しないじゃないか？」

藤村 **「問題は解決しようとすると、なかなか解決できないんです」**

社長「え？」

藤村「何か問題を解決しようとすると、エネルギーがものすごくかかるんです。それも負のエネルギーが」

社長「負のエネルギー？」

藤村「お客さまからクレームがきたら、社長怒りますよね」

社長「そりゃ、怒ることもあるさ」

藤村「怒って問題を解決していくのは、時間もかかるし、かなり難しいんですよ」

社長「ん？」

藤村 **「スタッフは怒るよりも褒めてあげたほうがモチベーションが高くなるんです」**

社長「そりゃそうかもしれないな」

藤村「お客さまから褒められて、よろこびの声をたくさんもらったら、スタッフのモチベーションが上がる。白馬の五龍館のようにね。これを繰り返して、どんどん褒めてあげるんです。そうすると、仕事がどんどん楽しくなります。徹底的によいところを伸ばしてあげるんですよ。そうすると、いつの間にか問題は見えなくなっていくってことです。これで解決です」
社長「ん～……」
藤村**「それにね、お客さまだって、クレームは書きたくないんですよ。**クレームを書いている時間は、お客さまにしてみても、イヤな時間なんです。大切なお客さまに、イヤな時間を提供して、それがサービス業ですか？　よろこびの声、よかったこと、うれしかったこと、そういうことを書くほうが、お客さまにとっても豊かな時間なんですよ」

というわけなんですね。

伝わってます？

このように、お客さまが書きたくなるようなアンケート用紙にしましょう。
決して「お客さまの声をお聞かせください」などとは問いかけないように。
あるいは「何か気がつかれた点がありましたら、なんなりとおっしゃってください」とかも、ダメです。

ましてや「ぜひ、お叱りの声を聞かせてください」なんて、やってはいけません。そういうふうに問いかけたら、クレームしか書いてくれませんから。

お客さまの、よろこびの声、お褒め、よかったこと、幸せのメッセージ、熱いメッセージ、そういうコトバを集めましょう。

「お客さまの熱いメッセージを聞かせてください！」
「何かいいことがあったら、ぜひ、聞かせてください！」
「お客さまの熱い応援が私たち従業員の、やる気と明日の元気の素になります！」
「幸せのおすそわけをしてください！」

こういう問いかけをしましょう。
お客さまは問いかけたとおりに反応してくれるのです。

あなたはどういう「お客さまの声」が欲しいですか？

それによって変わってくるわけです。

お客さまのよろこびの声が欲しいのだったら、そういう聞き方をしなければなりません。

紙の色も、書いていて楽しくなるような色、たとえばピンクや明るい黄色にするなど工夫しましょう。

そのほうが、お客さまも書きやすいんです。そして、これは顧客サービスになるんです。

いいことを書いているときは、豊かな時間なんですから。


お客さまは問いかけたとおりに反応してくれる。わざわざクレームを聞かなくてもいい。

第6章

個人の顔を出した
「お手紙」を
お客さまに**書こう**！

「お手紙」と「ダイレクトメール」はちがう

景気が回復してきたといっても、ただ待っているだけで、お客さまが来てくれるなんて思っていませんよね。

そんなに甘いものじゃない。

売上をあげたいのだったら、利益を出したいのだったら、あなたの見込み客になんらかの方法でアプローチしなければなりません。

その一番カンタンな方法は、お客さまに手紙を書くことです。

ターゲットの人たちに、あなたの商品の価値を伝えるのです。

「あ、ダイレクトメールを書けばいいのね」

そう思わないでください。

ダイレクトメールではないんです。

多くの企業が出している、関係性がまったくない、売り込みだけのダイレクトメールとはちがいます。

「お手紙」です。

「手紙とダイレクトメール、どうちがうんだあ？」

ちがうんですよ。

ダイレクトメールっていうのは、企業が出す「売り込み」のお知らせ。

いかにもダイレクトメールらしいダイレクトメールは、読まずに捨てられます。


想像してみてください。

ある日あなたの家のポストに一通の封書が入っていました。

その封筒には大きく「シロアリ予防フェア」という文字が躍っています。

差出人を見たら、先日一度断ったはずのシロアリ予防工事を売っている業者だった。

あなたはその封書、どうしますか？

ま、ほとんどの人は封を切らずに捨てるでしょ。

だって一度断っているんですから。

明らかにダイレクトメールだってわかるような形状ですしね。

ダイレクトメールらしいダイレクトメールは、その形状だけで、ハンディがあるってことです。


ところが、普通のお手紙のような封書で、手書きであなたの宛先が書いてある手紙だったらどうですか？


とりあえずは開封してみますよね。

いきなり読まずに捨てるようなことはしないでしょ。


そして、こういうお手紙がはいっていました。

お久しぶりです。アイキの土田です。

先日は床下点検させて頂きありがとうございました。

朝晩めっきり寒くなりましたね。いかがお過ごしでしょうか。

ごめんなさい。反省しています。

シロアリ予防工事がどれだけお家にとって大切かということが、うまく伝えられていませんでした。あなたのお家の保証期間が切れてしまったのはそのせいですよね。

本当にあなたのお家が心配です。

シロアリはごくごく身近な昆虫です。

お家の周りで穴だらけの枯れ木、切り株はありませんか?

それはシロアリに喰われた痕跡です。

保証期間が切れたという事は、あなたのお家の柱もそうなってしまうかもしれないのです。そうなってからでは遅いのです。

「喰われるかどうかわかんないのに予防工事なんてしなくていいよ」

というお客さまがごくたまにいらっしゃいます。

でも、喰われた後に工事するとしたら、木材も穴だらけになり、お家が長生きできなくなります。

喰われてからでは遅いのです。

通常ですと保証期間切れのお家は期間切れ価格になってしまうのですが、今回だけ上司にお願いして許可をもらい、保証期間内のお値段で安く工事させて頂きます。

ただし、急ですが、
一一月二九日（土）までにご連絡して頂いた方のみとさせて頂きます。

ご了承下さい。

お電話の際には
「ごめんなさいの手紙読んだよ」

と一言おっしゃって頂くとスムーズですので、宜しくお願い致します。

私の気持ちが少しでも伝わればと思い筆を執りました。

最後まで読んで頂きまして、本当にありがとうございました。

平成〇〇年十一月四日

株式会社　アイキ　土田ひとみ
フリーダイヤル0120-〇〇〇〇-〇〇〇〇

この「手紙」は愛知県にある、株式会社アイキという「シロアリ予防工事」の会社の営業マンがお客さまに出したものです。

ここの田中研一社長、エクスペリエンス・マーケティング実践塾に参加していました。

株式会社アイキの特徴は「シロアリ予防」っていうところ。
「シロアリ駆除」ではないってこと。

シロアリっていうのは被害にあってからでは、お金もかかるし、たいへんなんですね。

そうならないために、被害にあう前に予防工事をしているわけです。

一度営業に行って断られたお客さまに、こんな「手紙」を出したんですね。
それまでは、一度断られたお客さまは、もう何もせずにあきらめていたんです。

「そうだ、何もせずにあきらめずに、もう一度、お客さまに手紙を書こう」

ダメもとで、一度断られたお客さまに、こういう「お手紙」を出したんです。
それぞれの営業マンが、手書きで、それをそのまま印刷したわけです。
一〇人くらいの営業マンが八三四人のお客さまに出した。
すると、一度断られたお客さまだったのにもかかわらず、三〇件の工事受注があったんです。

反応率が三・六%。

売上高四五〇万円。

もう受注の期待できないお客さまで、この反応ですからね。
従来だったら、この売上は存在しなかったものです。

アイキさんのこのお手紙作戦、さらに驚きの結果があるんです。

「丁寧なお手紙をいただいて、ありがとうございます」

こういうお礼の電話や手紙が、たくさん届いたんです。

この手紙で発注してくれたお客さまはもちろん、受注に結びつかなかったお客さまからも、反応がよかったんですね。

「丁寧なお手紙いただいたんですけど、シロアリ予防の工事、他の会社に頼んじゃったんです。ごめんなさい。次回はアイキさんにするわね」

なかにはそういうお電話もあったそうです。

個人の顔を出した「お手紙」のメリットとしては、次のことがあげられます。

①こちらの都合でアプローチできる

②相手に会わなくても、電話をしなくても営業ができる

③あなたの会社の価値、商品の価値を十分に伝えることができる

④全国どこにでもアプローチできる
⑤販売につながらなくても、お客さまとの関係作りになる

書いてみるものですよね。

それにそんなにお金はかかっていないですよね。

こんなカンタンな営業方法ありません。手紙を書くだけですからね。

ダイレクトメールではなく、個人の顔を出した「お手紙」を書いてみましょう。


アイキさんの手紙、もう少し改善するのなら、「漢字」です。ちょっと漢字を多く使いすぎている。

わかりやすくしなければならないのです。

ひらがなを使ったほうが伝わりやすくなるコトバもあります。

たとえば、

「床下点検させて頂きありがとうございました」などの、

「頂く」↓「いただく」

「ご了承下さい」の、

「下さい」→「ください」

「宜しくお願い致します」の、

「宜しく」→「よろしく」　「致します」→「いたします」

などなどです。


ダイレクトメールらしいダイレクトメールは捨てられる。お客さまに、あなたらしさを出した「お手紙」を書こう。

●●●積極的に個人の顔を出していく

長野県に、鹿教湯温泉という湯治場があります。そこの「斎藤ホテル」。

旅行業界ではとっても有名なホテルなんですね。
何が有名かというと、連泊するお客さまが多いってこと。
お客さまの平均連泊日数が二・七日。驚異の数字です。
斎藤ホテルでは一泊する人と四泊する人の数が同じなんです。
四連泊するとお得になるプランがあるんですけど、これが同数なんです。
すごいですよ。

成功の要因のひとつは、ターゲットをしぼっているってこと。
ターゲットは六〇歳以上の旅行好きのご夫婦。
こういう人たちが見る雑誌に広告を出して、集客しているんです。
さらに、さまざまなサービス。
これも連泊する人が飽きないように気を遣っている。
連泊で一番問題になるのは、食事です。
この食事をビュッフェスタイルにして（バイキングのことです、念のため）、好きなものを好きなだけ食べられるようにしている。

もちろん、メインの料理は毎日変えています。

さらに、毎週「ロビーコンサート」を催して、好評を博しています。

館内には、「ライブラリー」があって、面白い小説や画集、写真集、コミックなどが置いてある。

オプショナルツアーもあって、信州の名所を巡ったり、信州の美味しいものを食べに行ったり、さまざまな工夫がしてあるんです。


そして、連泊してくれるお客さまに、毎月情報を発信しているんですね。

その情報は、「斎藤ホテルリポート」っていうニューズレターです。

このニューズレター……きれいにできています。でも、なんか物足りない。

斎藤ホテルの宿泊プランや料理、オプショナルツアーの紹介なんかが出ているんですけど、ニューズレターじゃなくて、チェーン展開している、都会的なシティホテルが出すようなダイレクトメールみたいなんです。

商品情報しか載っていない。

見た瞬間、「もったいないな〜」って、そう思ったんです。

だって、何泊もしてくれている、リピーターのお客さまに出す情報ですよ。


「関係性が薄い……」

そういうことです。


「どうしたらいいですか？」

斎藤ホテルの斎藤宗治専務から聞かれました。


「もっと顔が見えたほうがいいと思いますよ。専務の顔とかスタッフの顔とか」

「え？　顔なんて出して、失礼になりませんか？」

「大丈夫ですよ。逆に顔を出したほうがお客さまとの関係性が深くなるんですよ」

「でも、もう印刷しちゃったし……」

「あ、だったらとってもカンタンな方法があります。これに一枚お手紙をつけたらいいんです。専務のお手紙でも、担当のスタッフのお手紙でもいいから、一枚入れましょう。手書きの手紙を」

というわけで、手紙を入れたんです。

企画担当スタッフの赤羽泉美さんという女性が手書きで書いたものを、そのままクリーム色や薄いピンクの紙に印刷したんです。

こんにちは。斎藤ホテルの赤羽です。皆さんお元気ですか？

朝晩少し冷えるようになり、信州、鹿教湯温泉では紅葉まっさかりです。

これからは真っ赤なりんごがおいしい季節になりますね。

「一日一個のりんごは名医を遠ざける」ということわざもありますから、りんごを食べて風邪予防をしましょう。

さて、今日は皆さんに「斎藤ホテルとっておき情報」をお教えします！

一一月はなんといっても♪♪ロビーコンサート♪♪です。

二〇〇二年秋に始まり、約三年……ついに二〇〇回を迎えます。パチパチ
私もたま～に出演しますが、出演者にとってはやはり皆さんの温かい拍手や笑顔が何よりの励みになります。

そしてそれは、私たちスタッフにとっても同じこと。

皆さんに支えられて、ここまで大きくなりました。

本当に、本当に、ありがとうございます。

そしてこれからもどうぞよろしくお願いします!!

すでにファンの方も、初めて聴いてみるという方も、
一一月のスペシャルコンサート、ぜひぜひお楽しみに!!


一二月はおもちつき。

信州の田舎で味わってほしい、おもちです。

究極のスローフードとも言うべきおもち。縁起ものでもあります。

(このおもちを食べないと年越しできない！　という方も……)

つきたて熱々のおもちを、頑張ってちぎってます！

ぜひ一度、食べてみてください。

最後になりましたが、この冬も皆さんが健康で過ごせるように、
信州、鹿教湯より、たっぷりの愛を込めて、お祈りしています。

斎藤ホテル企画課
赤羽泉美

今までのニューズレターに、ただこの手紙を入れたんですね。

すると、予想に反したほどの大反響だったんです。

予約の電話が鳴って、

「赤羽さんから丁寧なお手紙をいただいたんですけど」

「赤羽さんっていらっしゃいます？」

「お手紙ありがとう」

またチェックインのときに、

「赤羽さんってどの方？」

「赤羽さんに会いにきたわ」

などなど、赤羽さんがリピーターのお客さまのあいだで、あっという間に、有名人になっちゃったんですね。

でも赤羽さんは企画課、普段はあまりお客さまと会うセクションじゃないんです。

だから、彼女のコトバで、彼女の思いを、彼女の手書きで伝えたんです。

これが伝わった。

おかげで、この年の一一月は対前年同月比売上、かる〜くクリアしました。


個人の顔を出すと、伝わりやすくなるんです。

だって、関係がつくりやすくなる。

あなたもそうですよね。

誰がいっているか。
誰だって顔の見えない企業から来たダイレクトメールより、個人の顔が出ているお手紙のほうが、うれしいに決まってますよね。

販促物は会社が出すものだから、個人の顔を出しちゃいけない。
そんなことはないんです。
これからは関係性の時代です。
今は、関係性が希薄な世の中になっています。
だから関係性がとても重要になってくるのです。

お客さまは、どうせ泊まるのなら、関係性の深いほうのホテルに泊まりたいのです。
お客さまは、どうせ同じものを買うのだったら、関係性の深い店から買うのです。

「関係性」がキーワードです。
だから、お客さまとの関係性を深めなければなりません。
そのポイントは「個人の顔」を出すってこと。
誰が書いているのかわからないようなものに、お客さまは反応しにくいんです。
あなたらしさを出しましょう。
それがあなたの販促物の反応をよくする秘訣になります。

あなたの個人の顔、パーソナリティを出そう。これからは「関係性」が重要なキーワードになる。

第7章

インターネットで
パーソナリティを
表現するコトバ

インターネットでも人柄を見せることが大事

今はあらゆる業種の会社がホームページをつくっています。

写真が美しいもの、アニメーションなどが凝っているもの……。

企業としてはとにかく、自分たちの会社を理解してもらおうといろいろ趣向を凝らしています。

コトバをたくみに使ったり、インパクトのあるキャッチコピーを考えたり。


インターネットの世界では、人の存在がなかなか見えてきません。

多くの選択肢の中から選べて効率よく買い物ができる。

いろいろなサービスが受けられる。

店に行かなくても買い物ができる。

探している情報にカンタンにたどりつける。

などなど、便利に使っています。

その反面、インターネットの世界での、相手の不確かさに不安を抱いている人も多いはずです。


名の知れた大企業であれば社会的責任も大きいので安心する人も多いでしょう（まあ、最近はそんなモラルも当てになりませんが）。

誰もが知っているわけではない、無名の会社ならば、ことさら事態は深刻ですよね。

でもね、消費者に信頼され、安心してもらうために、比較的カンタンにできる方法があるんです。

カンタンなのに、効果は抜群！

信頼され安心感を与えます。

それはどういう方法かというと、

個人の顔を出すってことです。

個人の顔を出し、そのパーソナリティを表現する。

こんなことがありました。

ずーっと使っていないオフィスを新たに使い始めるために、ハウスクリーニングをどこかにお願いしようとしたときのことです。

うちの女性スタッフに「どこか探して頼んでおいて」といって、僕は出張に行ってしまいました。

そして帰ってきてから様子を見に行ったんですね。

「きれいになったね〜、いいハウスクリーニング見つかった?」

「ええ、ネットで探したんですけど、本当に親切で感じのいい社長さんで、とてもよくやってくれました。ダスキンみたいな大きなところだけかと思ったら、小規模なところもたくさんあるんですよ。

でもたくさんありすぎて、最初はどこに頼んだらいいのか迷っちゃいましたけど」

「へえ、そんなにあるんだ?」

「それに、どこも、『親切、丁寧!!』『見積もり無料』って書いてあるんですよ。ホント、どこがいいのかわからなくて迷っちゃうんです。

よくテレビとかでごみ屋敷が出てくると、かたづけている掃除屋さんとかいるじゃないですか。

前にあれ見たときに、便利屋さんがやっていたんですよ。その便利屋さん、浮気調査とか愛人と別れさせる仕事とかもしていたんですよ。いい人そうだったけど、なんかダーティな感じで、怖い仕事だなという印象を持っちゃったんです。

それが、『便利屋さん＝掃除屋さん＝ハウスクリーニング』という図になっちゃって。

私の思い込みなんですけど、とても警戒してたんです」

「そうだよね～、便利屋って、確かにそういうイメージあるよね」

「いろいろと見ていたら、あるホームページで『社長のペット』という、ちっとも仕事と関係ないコーナーをつくっている会社があったんです。

『なんだ？』と思って見てみると、ただ社長が飼っているペットの写真が三枚あって、名前と紹介文が書いてあるんです。

最初は『ペットって飼っていると親ばかみたいになっちゃうんだよねー』なんて思って見ていただけなんですけれど、そのページが面白かったんですよ。

この犬は何年飼っていてとか、ウサギの名前はとか、この猫は裏の空き地に瀕死の状態だったけれど、こんなに元気になりましたとか。

読んでいるうちに、親しみが湧いてきちゃったんです。

それで、『動物好きの人に悪い人はいないよなぁ』なんて思って、電話してみたんですよぉ。そうしたら、電話の感じもよかったたし、そこに決めたんですよ」

面白いエピソードですよね。

彼女はハウスクリーニングをしてもらう会社を、商品やサービスで選んでいないってこと。仕事とはまったく関係ないホームページ「社長のペット」が、決める理由になった。

かなり日常的にインターネットで買い物などをする世の中になっても、結局は、人と人の関係なんです。

消費者は相手の会社の人柄などすごく気にしています。

会社のパーソナリティをいかに伝え、関係性を深めていけるか、顔を表現することができるか？

ホームページでも、人柄の表現が大切です。

個の顔を出すってことです。

パーソナリティをどれだけ表現できるかがポイントなのです。


いかに人々が警戒心を持っているかというわかりやすい例があります。

インターネットコンサルタントで、僕の弟子でもあるキャップ松野から聞いた話です。

以前、彼が携わった、ある商品のホームページの話です。

このとき取り扱った商品、インターネットで売るにはちょっと高額な商品で、それこそお客さまは「警戒心のかたまり」になっている。

そこで、資料請求いただいたお客さまに、さらに理解を深めて、警戒心を解いてもらおうとメールを送ったわけです。

そのメールの内容もシナリオを細かく考えました。

そのメールの中で、すごく些細なことだけれど、こんなに大切なのだ、と思わされることがあったんです。

お客さまへ発信したメールの最後に、

「お気軽にお問い合わせください！／担当者◯◯まで」

と問い合わせ先と、担当者の名前が書いてありますよね。


ここに女性の名前が書いてあるか、男性の名前が書いてあるかで、全然問い合わせ件数が違うってことなんです。

そんな馬鹿な、って思うかもしれませんが、ホントのことです。


最初は担当者が女性だったんで、フルネームで書いていたんですね。

その後しばらくして、その女性が会社を辞めてしまった。

代わりによかれと思って、担当者を代表取締役の名前にしたんですね。

しかも男性の名前。

そうしたら問い合わせ件数が激減したんです。

それであわてて、また新たな女性の担当者に変えたら、また問い合わせ件数がもとに戻った。

「男性で取締役」というので、見ている人は、何かいいくるめられて、すぐに契約させられてしまうのではないか？　と警戒してしまうんですね。

まずは気軽に聞いてみようという気持ちにさせなくてはなりませんよね。

敷居を一段でも下げ、問い合わせをしてもらうためには、そういった細かなところにも気配りが必要なのです。

もし、性別のわかりにくい名前だったら、わかりやすくする必要もあるかもしれません。名前をひらがなにするとか、「担当女性の○○にお気軽にお問い合わせくださいね」と書くとかね。それだけでも、お客さまの警戒心がだいぶ解かれるのです。

インターネットでも、「個人の顔」を出そう。仕事以外の、人柄をあらわすエピソードも大切。

終章

誰がいったコトバかがポイント。WEからIへ！

個の発信力を大切に

最近、「日本語のみだれ」などと、若者の使うコトバがとりざたされることが少なくありません。

コトバは生き物です。

社会環境や時代の流れによって変わってきます。

遠い外国のコトバが定番になったり、マイナスの意味のコトバがかっこよくなったりね。

最近では「ちょい不良（ワル）」などがそうですよね。

流行語大賞など見ていると、コトバの変化の速さに驚かされます。

「なんだ、このコトバ？」「耳慣れないコトバだな」と思っていると、あるときから頻繁に使われるようになっている。

そして、あるコトバは定番化し、あるコトバは飽きられてしまったり、古くさいと感じられるようになったり。

コトバっていう漢字。

言の葉。

そこから考えていくうちに、ひとつの概念が出てきました。

それは、花を咲かせるということ。

言葉の花を咲かせる。

言の花「コトバナ」を咲かせる。

そういう概念です。

これはどういうことかというと、同じ内容でも話す人によって伝わり方がちがってくる。

そういうこと。


コミュニケーションスキルの専門家、山田ズーニーさんがＮＨＫの教育テレビで放送されている「知るを楽しむ」という番組で、とても面白いことをいっていました。

ちょっとそのテキストから抜粋してみますね。

〈NHK教育テレビ「知るを楽しむ」日本語なるほど塾：テキスト
「思いが通じるコミュニケーションレッスン」山田ズーニーより〉

いきなりですが、「宇宙人発見！」のニュースを、あなたは何で見たら信じますか？

1　東スポ
2　インターネット
3　フジテレビ「笑っていいとも」を見ていたら、字幕のニュース速報が出た
4　NHK7時のニュース
5　朝日新聞が号外を出した

いかがですか？　おかしくはありませんか？
言っていることは「宇宙人発見」の五文字、どれもまったく同じ。
ところが、どのメディアが言うかによって、あなたに与える印象はガラリと変わります。
人間も同じ、「何を言うかより、だれが言うか」です。

「すごいな〜、確かにそうだよな」
テレビを見ていて、思わず口に出してしまいました。

同じことをいっていても、誰がいうかによって、伝わり方がちがうってこと。

コトバっていうのは、発する人によって意味が深まったり、意味が変わったりする。

「ギター侍」というお笑い芸人が、毒舌で芸能人を切るという芸で、ブレイクしましたよね。彼が使う「残念っ!!」というフレーズが有名になりました。

でもこのコトバ、彼が発明したコトバじゃないですよね。

昔からあるコトバです。

しかし彼がいろんな意味での「残念!!」をいっているうちに、人々がさまざまな意味の「残念」を使うようになった。

「残念」の概念が広がって使われるようになったってことです。

使う人によって、同じコトバでも意味合いがちがってくる。


これが言花です。


たとえば過去にも言花を咲かせた人はたくさんいます。

映画評論家、淀川長治さんの「さよなら、さよなら、さよなら」。

お宝鑑定団の中島誠之助さんの「いい仕事してますねぇ」。


その人がいうことによって、意味が深く伝わるのが「言花」なんです。

僕の「言花」って、なんだろうという話になったところ、うちのスタッフが、「藤村さんは『いいじゃん』じゃないですか？　だってしょっちゅういっているし、その『いいじゃん』の中には『とにかくやってみなよ、がんばれ！』『楽しそうだね、やってみよう』という意味が感じられるんですよ」

といってくれました。

そういえば、僕が、わけあって行けなくなったちょっとキツイ現場で、「藤村のあのいい加減な『いいじゃん、いいじゃん』がないとさみしいな〜、あれにけっこう勇気づけられていたんだなあ」

なんていわれたことがあります。

いい加減!?

そんなつもりはないんですけどね。

まあ、勇気づけることができているならばうれしいですけど……。

さまざまな思いの詰まったコトバなんです。

コトバに思いを込めて、あなたらしい「言花」を咲かせましょう。
それが、あなたの販促物の反応を上げる方法にもつながるのです。

思い出してください。
前述した事例を――。
白馬五龍館の中村ゆかりさん。
岡本スタジオの岡本昇さん。
鹿教湯温泉斎藤ホテルの赤羽泉美さん。
アイキの営業マンの方々。
みんな個人の顔を出していました。

本来、会社から出すはずの「販促物」に、個人の名前を出して、その人らしい販促物をつくったわけです。

「WE（会社）ではなくI（私）」

そのほうが伝わりやすいんです。

「個の発信力」

これが大切です。

どうしてか？

「個の発信力」を強化したら……、

お客さまとの関係性が深くなります。

リコメンド力（推薦力）が強くなります。

仕事が楽しくなります。

関係性を深くしていくことが、商売の成功の要因です。

何度もいっていることですが、お客さまは関係性の深いところで買うのです。

「個の発信力」が強くなると、お客さまとの関係性が深まっていきます。

すると、あなたのリコメンド力が強くなります。
リコメンド力っていうのは、推薦する力です。
商品ではなく、

「あなたがそんなにいいっていうのだったら、買ってみるわ」

ってことです。
ビジネス書のタイトルでありそうですが、「商品ではなくあなたを売れ」ってこと。
リコメンド力が強くなると、極端な話、なんでも売れるようになります。

そして、そうなってくると、仕事がとても楽しくなります。
仕事がもっと好きになります。
それがお客さまにも伝わるんです。

誰だって、不平不満をいいながら仕事をしている人から買うより、楽しんで、その仕事が好きな人から買いたいですよね。

たとえばお花屋さん。

あなたが大切な人へお花を贈るとします。そのとき、ふたつ花屋さんがありました。

ひとつ目は経営者がとても効率を重視する花屋さんで、コストダウンやマニュアルに厳しい経営者です。働いている人たちは、みんなイヤイヤ仕事をしています。

別の花屋さんは、経営者がお花が大好きで、贈られる人のことを考えて、はりきって、できるだけのことをしてくれます。コストダウンよりも、よろこんでもらえることを考えています。

あなたは、同じ値段だったら、大切な人へのプレゼントをどちらの花屋さんで買いますか？

そんなのいうまでもありませんよね。

当然、後者です。

ここまで、「売れるコトバ」ということで、さまざまな事例を使って、コトバのことやマーケティングのことを書いてきました。

たしかに、この世の中には「売れるコトバ」というのが存在します。「わかりやすくする」とか、「ターゲットに呼びかける」とか、「お客さまの声を使う」とか、ここにあげたテクニックを使うと、販促物の反応がよくなり、売上があがると思います。

でも、それだけでは成功といえないってことです。

テクニックだけでは、本当の意味での成功は獲得できません。

その瞬間は売上があがるかもしれません。

でも、そのときだけで、長続きしないんです。残念ながら……。

どんなに売れるコトバでも、いう人によって、伝わり方がちがうってこと。

誰がいうかが、大切なんです。

「WEではなくI」です。
「言花」です。
「売れるコトバ」の本質はここにあるのです。

いう内容よりも誰がいうかで、伝わり方が変わってくる。
あなたの「言花」を咲かせよう。

おわりに●コトバはこころのあらわれ

最後まで読んでくださって、ありがとうございます。
あなたに感謝します。

いつも思うのですが、本当にコトバっていうのは、すごい力を持っています。
なにげなくいったコトバが、相手を傷つけてしまったり、ちょっとしたコトバで勇気を与えてもらったり。そういう体験したことって、ありますよね。

コトバは心のあらわれです。
心が健康なら、コトバも健康です。
心が病めば、コトバも病みます。

「美しいコトバ」と「汚いコトバ」

「温かいコトバ」と「冷たいコトバ」

「褒めるコトバ」と「侮辱するコトバ」

「勇気を与えるコトバ」と「失望や落胆を与えるコトバ」

「安心感を与えるコトバ」と「不安を与えるコトバ」

「喜びを与えるコトバ」と「悩みを与えるコトバ」


確実に、コトバは生きています。

相手に届き、影響を与えます。そして、必ず、いった自分も影響を受けます。

だから、汚いコトバより、美しいコトバ。冷たいコトバより、温かいコトバ。失望を与えるコトバより、勇気を与えるコトバ――を使いたいですよね。

自分のこころであっても自由にならないのと同じように、コトバもつい口から出てしまいます。ですから、コトバは慎重に選んで使いたいものです。

商売っていうのは、どんな商売でも、お客さまに「愛情」を届けている。

そういうことだと思う。
お客さまによろこんでもらえると、あなたはうれしいですよね。
儲かったからうれしいわけじゃないでしょ。
でも、このことを忘れている商売人がたくさんいます。まず、売上、利益ありき。
愛情を届けていることを忘れている。

あなたは、確実に「愛情」を届けています。
あなたが、あなたらしく、輝いていること。
これが成功のためには、絶対に必要なことなのです。
あなたが、あなたらしく輝き、
あなたと、あなたの大切な人がしあわせになることを、心から祈っています。

ありがとうございました。

藤村正宏

藤村正宏（ふじむら　まさひろ）

1958年北海道釧路市生まれ。釧路湖陵高校から明治大学文学部（演劇学専攻）へ進む。早稲田大学演劇研究会にて演劇をプロデュース。大学卒業後、株式会社京屋にてヴィジュアルプレゼンテーション、ニューヨーク大学にて映画製作の勉学等を経験。帰国後、フリーパレットを設立し、ウィンドウディスプレー等に従事。1992年ラーソン・ジャパン取締役就任後、各種集客施設（水族館、博物館、テーマパーク、レストラン、ショップ等）の企画設計を手がける。集客施設の設計に演劇の手法を取り入れて成功。体験を売るという「エクスペリエンス・マーケティング」の考え方で集客施設や会社のコンサルティングを行う。現在、フリーパレット集客施設研究所主宰。
主な著書に『「モノ」を売るな！「体験」を売れ！』『「ニーズ」を聞くな！「体験」を売れ！』『「劇的」に「色」で売れ！』『「せまく」売れ！「高く」売れ！「価値」で売れ！』『藤村流「感動」で売れ！「体験」で売れ！』（インデックス・コミュニケーションズ）、『「企画書」つくり方、見せ方の技術』（あさ出版）、『集客に、お金はかからないのです。』（イースト・プレス）などがある。

【もっと知りたい人へ！】
大好評のメルマガ「儲けを生み出す発想のしくみ」配信中！
【連絡先】
ホームページURL：http://www.ex-ma.com
E-Mail：fujimura@ex-ma.com

【協力】橋本　亨
大阪府堺市にあるハッピー薬店社長。「POPの達人」の異名をとり、本業のほか、POPセミナー・講演会の講師としても多忙な日々をおくる。
ブログ「元気のジッセンジャー」http://happy-happy.blog.ocn.ne.jp/jissen/
HP「クスリ屋さんのダイエット」http://www.0120847004.com

藤村流　売れる！コトバ

2006年2月28日　　初版第1刷発行

著　者――藤村正宏
発行者――金子　豊
発行所――株式会社インデックス・コミュニケーションズ
〒101-0052 東京都千代田区神田小川町3-9-2　共同ビル
TEL　03（3295）1658（書籍販売部）
TEL　03（3295）3010（書籍編集部）
http://www.indexcomm.co.jp/
印刷・製本　中央精版印刷株式会社

ISBN 4-7573-0361-0　C0030